U0042544

猶太人這樣想、這樣做

200 則讓全世界買單的成功術

סודות שעשירים יודעים（Secrets that Rich Jewish Know）

史威加・貝爾格曼 Zvika Bergman——著

范曉——譯

新版推薦文

學習猶太人冷靜思考，咀嚼猶太人金錢智慧

楊斯棓（《人生路引》作者、方寸管顧首席顧問）

高希均先生曾分享他二訪以色列時去參觀在台拉維夫的「散居各地猶太人史蹟紀念館」（The Diaspora Museum），這是為了紀念兩千五百年來的猶太民族遭遇而設立的。

高先生特別提及，其二樓有一片牆，上面寫著：「一九三三年希特勒掌權，在他指揮下，德國人及其同謀者屠殺了六百萬猶太人，其中一百五十萬是小孩。當他們為了生存吶喊時，世界各國冷漠地旁觀著。」

幾千年來，猶太人數度遭逢滅族危機，依然活得讓人側目。其對世界的影響舉足輕重，究竟何以致之？

在紐約經商四十年的台灣人黃文局有篇文章名為〈跟團結的猶太人對幹只能認輸〉，將猶太人面紗掀了幾吋。

黃先生說：「影響世界金融與經濟最重要的機構是美國聯邦儲備局，歷任主席，葉倫（Yellen）、貝南克（Bernanke）、葛林斯潘（Greenspan）等，全部都是猶太人，而創辦人，也幾乎都是猶太人。」他下註腳：「他們不是道德的化身，他們是成功的經營者。」

他們律己甚嚴，成功地經營自己的人脈網，將影響力從企業跨到世界各國。

和猶太人打了幾十年交道的黃先生說：「由於歷史因由，猶太人千年來，流散世界各地，可是，他們靠著宗教，種族與姻親關係，結合成一個牢不可破的跨國『信任』網絡，連上這個網絡，幾乎可以無遠弗屆。放眼望去，全世界，只有猶太人有這個條件。」

如果我說「猶太人比其他民族更擁有金錢智慧」，應該很多人會同意。

高先生有篇文章名為〈有一點錢的時候〉，該文介紹了一本中英對照的書《Prosperity 富足》（已絕版），蒐集了百來則格言及片語，以「富足」為主題，佔舉三句：

> 真正的商業資本，是思想，而非金錢。（Thought, not money, is the real business capital.）
>
> 我不能浪費時間賺錢，我負擔不起。（I can't afford to waste my time making money.）
>
> 與他人分享的財富，是唯一留得住的財富。（The riches we impart are the only wealth we shall always retain.）

上述幾句話都蘊含智慧，但當我還沒開始賺錢或正在賺錢、甚至已經退休時，讀完能領略的程度有極大落差，只能憑我當時跟金錢打過交道的經驗值去想像，如果有一些說明，會提升我的理解程度。

《猶太人這樣想、這樣做》是我看過最精彩的警語／格言書，每句格言之後，都有幾段話解釋它。

譬如：「不時檢查銀行帳戶或信用卡支付紀錄，取消那些你不再使用的服務或產品。」警語後的補充，說明很多人把錢拿去買彩券、訂閱不常看的報紙、支付不再使用的電話費以及某些俱樂部的會費（我好幾位親人就是如此）。作者建議，每年至少徹底檢查一次信用卡消費明細，取消不必要的支出，將省下大筆資金。

我的延伸閱讀是，很多人把錢拿去股市玩當沖，或追逐飆股，冒的風險不亞於買彩券。比較好的選擇或許是長期持有大範圍的美國或全世界的ETF，如VTI或VT，每年配息後再投入，讓它不斷滾雪球。

有些人訂閱線上課程，完課率卻甚低。比較好的選擇或許是和自己約定好，完課一堂，再買下一堂。

這本書我建議可以這麼讀，讀那句警語或格言後，先用一張白紙蓋上後面的說明，打開evernote（或您熟悉的筆記軟體），去書寫一段您此刻腦中的想像，有點像把該格言當短文的題目。振筆疾書十分鐘後，再對照作者的詮釋，如此就可清楚辨析我們究竟從作者筆下多學到了什麼觀點。反過來說，如果筆下自忖比作者精彩，不妨把自己寫的這段話分享在臉書上，一定會引起很大的共鳴。共鳴其實是其次，更重要的是奉行之！

新版推薦文

學習成功心法，活出更好的人生版本

愛瑞克（《內在原力》作者、TMBA共同創辦人）

第一次讀到此書，讓我大為驚嘆，因為書中許多觀念都與拙作《內在原力》的核心觀點相互輝映。這本書也是讓我一翻開就停不下來，想放下其他所有事情一口氣讀完。

此書第一篇談「信念」，強調「所有的事實都經歷了兩次被創造的過程，一次是在你的腦子裡，一次是在現實之中。」我在二〇二一年十二月二十一日接受金石堂頒發「年度風雲人物：星勢力作家」獎項，然而其實將近一年之前，我腦子裡已經事先創造出來了、「預演」了。怎麼說呢？我的好友楊斯棓醫師在二〇二〇年十二月以《人生路引》這部年度暢銷書，榮獲金石堂的星勢力作家，他的得獎感言影片我看了三次，覺得拿這樣的獎項是很有意義而且值得追求，於是我心中訂下明確的目標——要拿到隔年度的同一獎項（呼應此書所談：相信自己，堅定目標）！

第二篇談「態度」。我主動邀約楊斯棓在二〇二一年一月二十三日同台舉辦大型演講，為的是更近身向他學習，更加了解一位得獎者的成功要素（呼應此書所談：成功是會傳染的）。

在這場演講之後，我和自己立約（也同時和出版社立約），要在七月完成《內在原力》一書，並算好時間要在三月底完成初稿，緊接著就按照目標日期回推，開始具體執行（呼應此書所談：和自己立約、現在就行動），並且尋找合適的好友們組成團隊，一起投入創作過程（呼應此書所談：制定全面的計畫、組建無往不勝的團隊）。《內在原力》之所以能在短短半年之間完成上市，而且全書幾乎找不到一個錯別字或贅字，除了出版社編輯團隊的用心之外，關鍵在於我找了四十位好友組成協作團隊，全書編寫過程來自團隊夥伴們提供案例與補充，以及建議修改的總次數合計超過兩百次，等於是集結了眾人智慧與經驗反覆改良兩百次後的成品。

第三、四篇談「理財」、「投資」，與我個人的投資理財原則極度相似。從一九九八年開始投資全球科技基金至今，我有單筆投資長達二十一年都未曾贖回的紀錄；至於定期定額投資的台股基金、全球股票基金，則是超過十七年每月扣款、未曾停扣。回頭來看，這才是真正幫助我能在四十歲左右達到財務自由、勇於離開職場做自己真正想做的事，而非頻繁進出市場，或看對時機押對了寶而致富（呼應此書所談：不要貪快、年年買基金）。

第五篇談「創業」，雖然我未曾有過創業經驗，但過去長期在金融服務業工作讓我結識了許多創業家，他們所展現的特質及思維，在此書中多有描述，尤其是「為自己尋找一位導師」，幾乎所有傑出企業家的背後都有一位經驗豐富的導師在幫助他們。我和父親同樣都在彰化出生，但父親早年受到一位南投前輩協助而創業成功，因此在我小時候，父親總是頻頻跑往南投，帶我去找一位「老先覺」。後來「老先覺」去世，父親難過之情有如失去至親。

我在《內在原力》書中強調：「人們的心態決定了選擇，選擇決定了行為，行為成為習慣，習慣則形塑成了每個人的一生所呈現的樣子。」猶太人在全世界所累積的巨大成就，其實都是從這些成功心態開始的。此書可說是猶太裔成功人士共通的心法之書，希望我們都能從中借鏡、實踐並且內化，那麼活出更好的人生版本，也就是自然而然會顯化於外的現象了。

願原力與你同在！

新版推薦文

與猶太智慧對話的兩百篇好文和三個點子

吳仁麟（點子農場顧問公司執行長、三意會創辦人）

在推薦這本好書之前，想先分享個神奇的機緣。

很巧的，在收到出版社邀寫推薦文的那一天，薛智偉（Jeffrey Schwartz）正好帶我參觀了他所蓋的猶太社區中心。六百多坪的空間以猶太聖殿為核心，同時也是一座猶太美術館，到處都看得到猶太文物，也提供最正統的猶太食物。

今年是薛智偉來台灣的第五十年，他也給了這座中心另一個名字——JTCA（Jewish Taiwan Cultural Association，薛智偉堂娜猶台文化交流協會），作為送給台灣的禮物。一九七二年，他從美國來台灣背包旅行，從此落地生根，在這裡創業、娶妻生子。他給了台灣五十年的青春歲月，台灣用五十年給了他今天所擁有的一切。

我忽然意識到這個猶太空間的特別；全世界有一千五百萬名猶太人，占總人口的〇．二%。全美國有五百萬名猶太人，占總人口的二%，絕大部分都是各行各業的菁英，愛因斯坦（Albert Einstein）、祖克柏（Mark Zuckerberg）以及柯林頓（Bill Clinton）、川普（Donald Trump）和拜登（Halie Biden）這三位美國總統的女婿都是猶太人。

從以上這些事實也可以明白，和以色列的關係對台灣有多重要。以色列是全球猶太人的故鄉，美國影響全世界，以色列影響美國，台灣和以色列的關係其實也像另一種台美關係。

後來，我和 Jeffrey 聊著如何合作在台灣推廣猶太文化，並分享給他三個點子，希望讓台灣社會能透過這個中心和猶太智慧進一步對話：

「一日猶太人」：規畫一套體驗行程，把猶太的食衣住行和藝術文化都融入在裡面，並且拍成一部影片去行銷宣傳，讓對猶太文化有興趣的人來報名參加。

「猶台藝術文化講座」：以藝術文化為主題邀請雙方的各界菁英對談，讓彼此更了解雙方的風土與文化，讓猶太人體驗更多台灣，也讓台灣人體驗更多以色列。

「猶太財商學院」：猶太人善於理財生財，也把對於財富的觀念深刻地融入宗教和家庭教育裡，許多理財的經典著作都以猶太財商思想為主題。這樣的課程開在猶台中心特別有說服力。

我想像著，如果以上這三個創意點子都能實現，對於台灣和以色列雙方的公益和生意應該都會同步加分，共創三意也共榮共好，而這本書裡也充滿了以創意兼顧公益和生意的三意智慧。比如寫到人我關係的時候，總會強調自覺自省和自律，先修身再談天下。強調一切的 Magic 都來自天天用心點點滴滴的 Basic，以累積創造奇蹟。

《猶太人這樣想、這樣做》這本書的編排十分用心，把猶太智慧化為兩百篇短文，讓讀者可以每天輕鬆地翻讀（而且，每週還可以休息兩天），是一本每年都值得一讀再讀的好書。

新版推薦文

橫跨時間、永恆不朽的觀念

薛智偉（四星集團創始人兼執行長、薛智偉坣娜猶台文化交流協會聯合創始人和主席）

經營事業的這些年，別人經常問我創造財富的「祕密」是什麼，而我通常會簡單回答「努力工作」。若提問者的神情明顯對答案不滿意，我有時會補充一句：「好運也有幫助。」

在上述這個簡單的成功「方程式」之外，我尚未真正花時間細細記錄我在五十年的創業旅程中，所做的每一個決定、雇用的每一位人員，如何一點一滴讓我的公司從最初的小規模事業，發展到現今的全球性製造商，為數以百萬計的消費者提供高品質、價格合理的產品，讓他們的生活更加美好。

幸運的是，本書作者史威加．貝爾格曼已幫想要了解如何創造財富的人做好功課，整理出歷史上最偉大猶太思想家和實做家的智慧和經驗，並將之化為清晰可操作的框架。但為什麼是猶太思想家呢？他們的思想為何能吸引有抱負的投資者或創業者，並成為開拓事業的利器？

我自己也經常苦苦思索這個問題。身為猶太人的我一直認為，社群中的某些人賴以成功的特質，已透過某種方式編碼到我們的DNA之中。幾乎我認識的每一位猶太人都重視教育，強調家庭的中心作用，並且相信只要願意付出努力，最終都會獲得應有的回報，這是廣為猶太人接受並奉為圭臬的核心價值觀。我想，我們生來就擁有這些特質，是吧？

如今，全世界僅有大約一千五百萬名猶太人，占全球近八十億人口的〇．二%。然而全球九百多名諾貝爾獎得主中，就有超過二〇%是猶太人。世界上最成功的創新者、企業家和投資者中，有不少是猶太人。此外，在音樂、醫學、電影和慈善事業等其他領域，猶太人也扮演著主導角色。為什麼儘管人數不多，猶太人卻能在這些領域中獨占鰲頭？是什麼造就了他們？

在這本書中，貝爾格曼試著回應上述問題。他為我們做好功課，將成功猶太人的智慧和經驗整理出來，並化為清晰、可操作的框架，讓幾乎所有渴望成功並願意付出努力的人都能夠輕易遵循。

貝爾格曼將猶太人的「祕密」分為信念、態度、理財、投資、創業等五個關鍵主題，從我自身的經驗中可知，每個部分都不可或缺，而且都能透過勤奮的努力和實踐來學習。此外，作者還在書中引用了猶太智者、商人和政治家的名言，讓讀者充分體會這些橫跨時間、永恆不朽的觀念。

上述這些想法（即使是針對投資理財等看似較「技術性」的主題），都根植於成功必備的「軟性」技能和心態，為讀者提供建立財富來源所需的工具。更棒的是，我們無需要花費數十萬美元取得ＭＢＡ或其他高級學位，就能獲知這些寶貴觀念。

我希望所有真心渴望成功的人都能仔細閱讀本書。正如偉大的中國哲學家老子所言：「千里之行，始於足下」，現在最重要的便是採取行動，向前邁出第一步。

二 態度篇

四 投資篇

謹以此書紀念我敬愛的父親

前言

像猶太人一樣思考，像猶太人一樣賺錢

有一件事讓人驚嘆：在眾多事業的巔峰都有猶太人身影。很多人都在想，一個僅占世界人口〇．二%的民族，如何營造出這麼大的影響力，在世界舞臺各領域都能取得突破性成就？為了讓你了解更多，讓我告訴你，以色列的猶太人口五百五十萬名，比一些國際大都市某區或中國某村人口還少。

但若問加拿大人、日本人或者澳大利亞人：以色列有多少猶太人，答案會介於五千五百萬到五億五千萬之間。

毫無疑問的，在這些成功故事的背後，都包含技術改進、小型研發到重大發現、再到改變整個世界的科學發明的歷程，許多猶太人因此獲得諾貝爾獎。**猶太人創建了一所智慧寶庫，就像在整個民族DNA中嵌入了特殊密碼一樣。**

在全球化時代中，高科技和創投行業成為近幾十年來累積個人巨額財富的源泉，尤其在猶太人中占比顯著。很多人都相信，以創業、好奇心、勇敢和創新為存在本質的猶太人，手中掌握著耐人尋味的文化密碼。我們能否破解這個密碼呢？猶太人的智慧是否可以經由學習而得呢？如果可以，如何才能獲得？

有科學家指稱，人類開發的智力只占極少一部分。他們認為，人的大腦是一台精密的電腦，目前做的只不過是玩俄羅斯方塊的程度而已。其實，人類思考得很少，我們的行動主要依賴習慣。為了讓這個道理更清楚，我想舉一個有趣的實驗為例：

有一組科學家將五隻猴子關進一個大籠子裡，在籠子中央放了一把梯子，梯子頂端綁著一大串新鮮的香蕉。每當有猴子想要爬上梯子去拿香蕉時，科學家們就往剩下的四隻猴子身上澆冰水。如果這四隻猴子裡也有誰想爬上梯子搶香蕉，那麼牠的幾個朋友也會被迫洗個冰水澡。幾天後，猴子們開始自發地阻止彼此拿香蕉，還會去抓住想爬梯子的猴子。就這樣，儘管有一大串新鮮香蕉誘惑，猴子們最終還是停止攀爬嘗試。

這時，科學家們用一隻新來的猴子替換掉其中一隻。新來的猴子馬上試圖爬梯子拿香蕉，但卻招來另外四隻猴子的毆打，於是牠也被馴服而停止嘗試。幾天之後，又有一隻之前的猴子被替換，故事再一次重演，新來的猴子再次被馴服，不敢往上爬。

經過幾周後，所有猴子都被新猴子替換掉，籠子裡剩下了五隻新來的猴子，雖然牠們之中沒有任何一隻猴子被澆過冰水，牠們卻學會了阻止彼此去拿香蕉！

如果要問那些猴子為什麼要去阻止對方爬梯子，牠們可能也無法解釋，只是回答，這就是籠子裡的規矩，大家都應該一直遵守這個規矩。

猶太人世世代代都有訓練思維機制的習慣。例如，研習《托拉》（*Torah*）❶的方法就是集體學習，針對某個觀點或者問題進行長達數小時的辯論。猶太人從來不理所當然地接受現狀，他們習慣懷疑一切，研究一切。他們喜歡詢問和爭論為什麼這件事是如此？由誰決定的？如果

❶《托拉》，為猶太希伯來文經卷中最為重要的經書。

我們改變它會怎麼樣？誰決定這就是最好的？如何改進？……等等。

要像猶太人一樣思考，你只需要在別人告訴你不行的時候仍然嘗試去爬梯子拿香蕉！如果別人阻止你這麼做，你必須要弄清楚緣由。

每一代猶太人取得成功的原因都建立在對各個領域的智慧、知識發展和好奇心的極大重視的基礎之上，以及對年輕一代的教育投入。猶太父母教他們的孩子建立創造性思維，鼓勵他們提問，鼓勵他們不斷研究，告訴他們要將社會與家庭生活品質放在首位。他們在孩子的教育問題上做了很多的情感和經濟投資，在情感上，他們鼓勵孩子變得強大，用無盡的愛包圍他們，把他們當天才一樣對待，孩子長大後也真的成了天才。

我們知道，如果對孩子說，你能成功，因為你很聰明，具有無限的潛力，那麼他就一定會成功。但若對這個孩子說，你很失敗、很笨、永遠沒有成功的機會，那麼他長大後就真的如我們所言了。

猶太父母將教育孩子的任務看作是一個長期性的任務，並不會因孩子成年或者大學畢業就結束了。他們會一直陪伴孩子成長，直至他們取得成功。

有一個公開的祕密：如果長期堅持固定訓練某種行為，該行為會變成人的「天性」。這種訓練的實質是什麼？其實就是模仿那些實現自身價值或社會價值的成功人士的行為。

例如，要想成為一名書法家，你就要一遍一遍地模仿他們的動作：不僅寫字要精準，而且坐姿、握筆方式、用墨多少、提筆方法、落筆力度等等各方面都要力求準確。如果真的是這樣，那麼成功所需要的兩樣東西就是：

一、成功模式。
二、對模式的模仿。

聽到這裡，你可以輕搔自己的頭（猶太人在思考的時候喜歡搔頭……），你就能明白，為了在經濟上取得成功，你需要做的事情是：

一、了解猶太人是怎麼做的。
二、借鑑猶太人的思維方式和行為方式。

《猶太人這樣想、這樣做：二〇〇則讓全世界都買單的成功術》是《猶太理財專家不藏私致富祕訣》❷的姊妹作。在兩本書中，我推薦讀者去學習猶太人的思維機制和思維方法，更要推薦你了解和使用猶太人的「工具箱」。

這個「工具箱」裡藏著對事物的深層次思考，能讓人打破固有模式的束縛，帶來突破性、獨創性和魄力。你要採用這種思考方法，既然別人能做到，你也能做到。

注意！不管你認為自己能不能成功，你的認知都是對的！也就是說，**自信是我要給你的通向成功的第一把鑰匙**。

❷《猶太理財專家不藏私致富祕訣》亦是本書作者史威加・貝爾格曼著作，遠流出版。

對自身能力的充分信任是指引猶太人取得成功的重要心態。只要相信自己，你也能夠征服心中的目標，取得成就，實現你的願望和夢想，在商界或股市賺錢，在各個領域獲得成功。**你只需要拿出勇氣和自信，像猶太人那樣去行動。**

毫無疑問的，你具備足夠的能力，問題是這些能力還在你體內沉睡著。我將點燃火焰，喚醒你體內的巨大能量，引領你去取得更多成就，飛得更高更遠。我將成為你的火柱，就像指引猶太民族經過四十年的跋涉從埃及回到神聖以色列地的火柱❸一樣。

目前為止你做過什麼、想過什麼並不重要，別人怎麼看待你也不重要，重要的是從今天開始你能夠做些什麼。你希望能夠在未來實現自我，獲取成功嗎？你想要不斷進步，和現代社會共同發展嗎？你想在這個世界留下自己的印記和獨到見解嗎？你想要揭開猶太人之所以在經濟方面具備獨創性和創造力的奧祕嗎？我這兩本關於經濟和創造領域的書將帶你走進一個全新的世界，和你一起去挑戰極限。

你準備好了嗎？

猶太人不需要思考第二遍，一定會回答「是的」。

那麼你呢？

❸根據《出埃及記》記載，當時耶和華一路保護猶太人回到以色列，在日間以雲柱指引猶太人方向，夜間以火柱照亮前路，使得猶太人日夜都可以行走。

在你開始閱讀之前……

《聖經．傳道書》中寫道：「已有的事，後必再有。」但是對於尋找致富的神奇公式的投資者來說，這句話卻不一定正確。因為這些投資者們常常付出極大努力尋找成功祕訣，因此，他們無法相信成功祕訣得來全不費功夫，不可能比自己一開始想得簡單許多。

但以股神華倫．巴菲特（Warren Buffett）為例，他成功的方法就是先篩選出穩定績優股票，再對該股票長期投資。方法很簡單，不是嗎？如果對這種投資方法有疑問，大家可以算一下最近十年或二十年裡你在股市裡賺了多少錢，你將會發現進行長期股票投資要比其他任何投資途徑的回報率都更高。

巴菲特在一九六五年以每股十二美元的價格購入波克夏公司的股票。到了一九九五年，這支股票每股的價格是二萬五千美元！沒錯，足足漲了兩千多倍！

猶太人常說：「如果想要知道前面的路，問問那些返程的人。」如果真是這樣，投資者想要在股市盈利，除了要研究操作工具以外，還需要選擇優質股票、把握購買時機和保護投資組合。長期持股現在已經成為家喻戶曉的投資方法了。

和股市相似，在商界也可透過掌握正確運作方式獲取利益，並藉此走向成功。你面前的這本書匯集了很多商業見解，包括投資、交易、行銷、行為經濟、信念、個人能力、理財、人際關係以及生活態度。這些精心蒐集的建議或祕訣都經過猶太人的實踐證實，是智慧與經驗的

結晶，用清晰流暢的語言表述出來，每條建議都簡明扼要。

這能讓每一位讀者根據自己情況選擇快速閱讀或是慢慢閱讀。只要你按照這些已經得到驗證的方法去做，成功必將降臨到你的身上，你的發展將比周圍任何人都要迅速。

每位讀者都會在書中發現對自己更具吸引力的內容，這很正常，每個人都處在不同的發展階段，自然也會有不同的閱讀需求，等到達下一階段後，你可能又會對書中的另一些話題產生共鳴。

建議大家在不同的發展階段時時回顧書中祕訣，記住，沒有人是僅憑空想就能贏得財富的。你有能力，也有智慧，現在又掌握了實現成功的必要知識。行動起來，一定能夠成功！

阿爾伯特・愛因斯坦（Albert Einstein）曾說：「瘋狂就是重複做同一件事，每次都期待不一樣的結果。」如果你想要有所改變，那麼現在就開始吧！

祝你閱讀愉快。

一 信念篇

信仰是猶太人的日用品。
是信仰讓雅各只依靠一根木棍渡過約旦河，
是信仰讓猶太人建立起巨大的商業世界。
你能看到的所有東西，都建立在信仰的基礎之上。

001 信念的意義

信念讓我們每個人願意去嘗試，即使看起來不可能成功。

以茨列・科恩說：「在世界的每一棟建築物底下，都有一個信念的資料庫。沒有信念，再巨大投入都是毫無意義的徒勞。」如果你相信自己能成功，那麼你的大腦就已經走在通往成功的路上了，也就是說你已經完成了一半的路程。

不相信飛船可以登陸月球的人，是無法接受並執行這個任務。相信的人去執行，並且成功了。這就是事實！

缺乏信念的聰明頭腦，就像沒有眼睛的漂亮面孔。

——拉比　沙洛姆・科恩（Shalom Cohen）

002 思想創造現實

所有的事實都經歷了兩次被創造的過程：一次是在你的腦子裡，一次是在現實之中。如果你想著自己會成功，你就真的能成功。

十八世紀猶太哈西德運動的創始人、尊敬的拉比④以茨列曾說過：「一個人的思想所在之，就是他整個人所在之處，因為人的思想是最重要的。」

我們的大腦根據思想支配行為。當你認為自己能夠實現願望的時候，你的思想就已經越過「我能不能實現」這個層面，到達了另一個層面，那就是「我如何才能實現」。

在你腦中創造的事實會帶領你去實現你所設定的目標，所以，你首先要在自己頭腦中「培育」出勝利的事實。

你的想法決定你的現在和未來。

——美國人生哲學之父　艾倫·詹姆斯（James Allen）

④拉比，為猶太民族中的長老智者，具有智慧的象徵，是族人們請教疑問的老師，在宗教儀式中擔任重要角色，甚至君王也常邀請拉比進宮解答疑惑。

003 你覺得自己能，你就能

不管你認為自己能還是不能，你的認為都是對的。

雅努什・科爾紮克曾說過：「有學問的人的思想就像鳥，當它開始飛翔，誰能猜到它將會飛向何處？就像在茫茫大海中航行的哥倫布也不知道自己會在哪裡上岸。」

當你告訴自己可以實現目標的時候，你其實已經相信自己能夠做到。你的思想會為你實踐這個想法鋪平道路。有錢人知道自己能夠成功，所以他們不斷前進，從不停止。那些認為自己不能實現目標的人會說服自己是無能的，連嘗試的機會也不留給自己，他輸在了思想上。

人類思想的運行類似汽車GPS系統。**當我們在電腦程式裡輸入目的地，系統就會把我們帶到那個地方。人腦的運行也是這樣。當我們為自己確定了目標，就算一開始並不知道要如何才能實現它，我們也會一步步朝著自己定義的方向前進，直至實現目標。**

你一定不止一次聽過這樣的故事，一個人確立了一個偉大的目標，經過各種艱難險阻，最終實現了目標。只要在腦海中確定方向，就一定能到達。瞄準月亮，至少能打中星星！

人類思想孕育出來的金子要遠遠多於地下開採金子的總和。

——美國激勵大師　拿破崙・希爾（Napoleon Hill）

004 靈感帶來成功

要在想法剛剛浮現在你腦海的那一刻就將它記下來。

著名的猶太裔德國詩人海因里希・海涅（Heinrich Heine）曾說：「思想總在行動之前，就像閃電總在雷聲之前。」有時，你的腦子裡會突然蹦出一個好點子，但它轉瞬即逝。要知道，靈光閃現的時刻很可能帶給你巨大的成功。

很多時候，當我們在開車或是打盹時，沐浴或者散步時，我們的腦中會突然閃現出有關生意、創新、改進廣告之類的好點子。

問題在於，當經過一天的繁雜工作之後，大部分的點子會從我們的腦中消失。這些點子可能是我們人生中重要十字路口的指示燈，卻因為我們的習慣性疏忽而蒸發掉了。

成功人士懂得在靈感產生之後立刻把它們寫到紙上，再在恰當的時機應用它。

聰明的人思考自己的想法，愚蠢的人宣揚自己的想法。

——德國詩人　海因里希・海涅

005 恐懼和焦慮是大腦的產物

學會克服憂慮。想一想你有多少次因為擔憂而焦慮，而你害怕的事情又有多少次是真正發生了呢？

一位著名的拉比以茨列曾說：「恐懼築起圍牆來遮擋光亮。」恐懼和焦慮是導致你推遲執行計畫的兩個主要原因。恐懼並非無法抵擋，它完全可以被戰勝。我們既可以選擇讓它在腦海中生長，讓它有機會控制我們，導致我們最終崩潰，我們也可以選擇甩掉它、忽視它、戰勝它。

戰勝恐懼的有效途徑，將你的想法進行分解，你就會明白恐懼不過是腦中臆想的產物。我們曾多次為某情境而擔憂，但真正成為現實的有幾回呢？有錢人早就懂得戰勝恐懼的必要性和可能性，不讓它在頭腦中停留。

每次當恐懼試圖控制你時，你就應該用積極而美好的想法替換它。透過想法的轉換，你就清除了恐懼，它再也無法控制你了。

想要成大事者，必須要從人群中解放自己，讓自己絕對自由。

——以色列作家　馬克思·勃羅德（Max Brod）

006 自信從現在開始

培養自信精神，盡情綻放自信的光芒，不要害怕。你很快就會發現，你展現出的自信會讓周圍的人對你更加尊重和讚賞。

撒母耳・雨果・貝格曼說：「在我們眼中，信仰並不是一條條的法則，而是一種生活方式。」通常情況下，有錢人都擁有較強的自信心，原因在於他們喜愛自己，熱愛自己的事業，並且對自己的現狀感到滿意。

自信是一件非常重要的工具，它決定我們能做什麼、與誰交朋友、如何表現。如果你缺乏自信，那就從今天開始訓練自己。只考慮那些積極的想法，向自己證明你的能力，和充滿自信的人交朋友，為自己的頭腦和身體進行投資。記住——一切都取決於你思想的改變。

這是完全可能的，我向你保證。

成功的祕訣——激情。

——克萊斯勒汽車創始人　沃爾特・克萊斯勒（Walter Chrysler）

007

對你的目標負責

大聲宣布你的目標，當你這樣做了之後，你就要對自己的目標負責了。你的信仰和信念都會被強化，它們將帶領你快速地向目標邁進。

拉班·西蒙·本·加瑪曾說：「不要害怕說出我們的決定。」當你決定要實現某個目標時，記得首先對自己說出這個決定。當你大聲宣布自己的目標時，實現它就變成了你的義務。**當你向周圍的人宣布你的目標，你就更加有義務去實現它，因為別人會關心你的完成進度，並向你詢問進展，這樣能激勵你進步**，即使遇到困難也不退縮。這個方法簡單易行，而且經驗證明對成功有效。

人的一生中可能犯的最大錯誤，就是總是擔心自己會犯錯。

——美國知名出版家　阿爾伯特·哈伯德（Elbert Hubbard）

008 喜歡指責的人沒有好名聲

不要畏懼批評。當你成功之後，就會發現哪些是虛假的朋友，哪些是真實的敵人。這兩種人都會嫉妒和指責你。你要記住，這就是成功的代價之一。

戈特利布・薩菲爾曾經對喜歡指責的人說：「大多數記者和批評家就像鸚鵡一樣：在給他們餵食的時候，他們會收起爪子，餵水的時候則會睜一隻眼閉一隻眼。」

當你因事業成功或觀點獨到而成為眾矢之的時，請你做好準備，至少得接受一半的批評意見。有些人會因為你的成功而感到不快，這類人大多沒做過什麼，卻摩拳擦掌地準備傷害你。當他們出現時，不要傷害他們，反而要報以微笑，這才是你勝利的標誌。

當你遭受他人指責的時候，意味著有人認為你的成功刺激了他，讓他覺得自己不如你，所以才朝你射毒箭。**有錢人早就建立起了強大的心理防線，任何毒箭還沒射中目標就已經掉落在地上了。**

你要強大起來，要記得，喜歡指責的人絕不會有好名聲。

如果你想招人記恨，那就多一些批評和指責。

——拉比 亞達雅・帕尼尼（Jedaiah Bedersi）

009

相信自己，堅定目標

確立目標，並為之奮鬥，不要理會那些持消極想法的人。相信自己，努力實現目標。

猶太作家門德利（Mendele）曾經說過：「信仰是猶太人的日用品。是信仰讓雅各只依靠一根木棍渡過約旦河，是信仰讓猶太人建立起巨大的商業世界。你能看到的所有東西，都建立在信仰的基礎之上。」想要到達一個地方，必須要有信仰和目標。不管跑步或是游泳，每一項體育競賽都有一個目標，同樣的，每個人都有自己的夢想，不管是買新車、還是四十五歲退休、或是擁有私人豪宅。我們要設定目標，然後努力去實現它。

如果沒有目標，我們的生活就失去了重心，不知道要去向何方、應該去向何方。有錢人總是先確立目標，然後才開始征服之路。

遠離那些試圖貶低你雄心壯志的人，那通常是小人的做法。真正偉大的人會使你感到自己也可以成為偉大的人。

——美國小說家　馬克．吐溫（Mark Twain）

010 別給自己設置障礙

如果你想做一些新奇、特別、與眾不同的事情，比如寫書，千萬別給自己設置諸如「我不知道怎麼做」、「我沒時間」或者是「下次再說吧」這樣的障礙。

拉比梅納赫姆．曼德爾．科克說：「我可以回答『什麼不應該做』這個問題，但是『什麼應該做』這個問題卻需要你自己問自己。」

設想一下你已經完成一件事的情景，用這樣的方式鼓勵自己很重要。**成功人士知道，必須自己激勵自己，因為大多數情況下沒人能替你做這件事。**大部分人都沒有強大到能夠自己激勵自己，或者激勵別人去清除頭腦中的挫折感。成功人士都明白，他們沒有選擇，必須為了自己克服這個障礙。

在我寫第一本書《股市——破解市場的祕訣》時，我一坐下來就開始寫，一直沒有停下來過，直至寫完。我知道身邊從沒有人寫過書，就算我問別人，得到的答案也不會是我想要的，所以我沒有向身邊的人諮詢。我決定不給自己設置障礙，儘管這對我來說是一次全新的體驗。

那本書寫完之後，我認為自己已經克服了不少障礙。在書籍發行階段，編輯和我討論書名和主題，我滿懷信心地說：「這本書可能會很轟動！」那一刻，我感到自己的選擇是如此正確，什麼也阻擋不了我。

我的第一本書銷量創下不錯的佳績，之後的幾本書也不斷證明，**克服心理障礙是通往成功的一條必經之路**。

如果你認為自己無法做這件事，那你就真的無法完成它。

——猶太裔荷蘭哲學家　巴魯赫．斯賓諾莎（Baruch de Spinoza）

011 當心，憤世嫉俗者就在你身邊！

營造一個積極向上的環境，憤世嫉俗和想法悲觀的人擅長扼殺每一個好點子。

你一定不止一次地發現，當你和某些人聊天之後，你會感覺難過、鬱悶、生氣和憤怒。但是和另外一些人交談後，你會感覺幹勁十足、開心、樂觀、對成功充滿信心，這樣的感覺甚至會持續很久。多年來，你一直在建立自己的人際關係網絡，包括身邊親戚、朋友和熟人。這個環境會影響你的思維、行為、言詞甚至是生活方式。

為了讓你在追求美好生活的旅途中不斷前進，你必須為自己營造一個積極向上、融洽自然、充滿鼓勵與支持的環境。與憤世嫉俗、悲觀的人交往，與缺乏創意、拒絕一切新事物的人交往，都會阻止你朝著自己希望的生活邁進，讓你離生活目標愈來愈遠。更糟糕的是，他們甚至不允許你描繪自己的願景。

對於這些不相信能實現自我，不相信能過著擁有目標與期待的完美生活的人，我習慣把他們稱作「有毒的人」，因為他們總是毒害自己身邊的人。對於我個人來說，我一直努力不讓自己置身於這些人之中，因為他們的負面影響很可能滲透到我身上，毒害我的生活。

所以，你必須要尋找頭腦積極開放、快樂又幸運的人交朋友，他們能為你的生活帶來陽光，帶來無限的可能性。這樣，你才能一直成長壯大，朝著自己的目標前進，並改善自己的環境。積極的思想具有極大的力量，能激勵你去行動、去獲得成功、去實現願景。成為一個思想積極的人，要具備以下特徵：

- 多看看自己到目前為止已經進步了多少，而非只看自己還有多少進步的空間。
- 對於事情的發展總是懷著積極態度而非消極態度。
- 不僅為自己，也為他人的成功而祝福。
- 相信財富一定會降臨到自己身上，它就真的降臨了。
- 學會享受過程，而非老是抱怨過程中的障礙。
- 施予他人，讓自己的生活充滿能量。
- 對自己所擁有的一切學會感恩，而非為自己還沒得到的東西而哭泣。
- 多原諒，不記仇。
- 微笑。

偉大的心靈總是遭遇來自平庸思想的攻擊。

——猶太裔美國物理學家　阿爾伯特・愛因斯坦

012 和自己立約

將自己的目標寫出來，並制定行動計畫。事實上是和自己簽訂一份必須執行的合同。

以色列開國總理大衛・本－古裡安（David Ben-Gurion）曾說過：「對理想的堅持是檢驗我們行動的標準。」當你確定了自己想要征服的目標之後，把它寫在紙上，然後貼到顯眼的地方，以便能隨時看到。這樣能讓你時刻記住方向，不偏離道路。

你對這份和自己簽訂的合約負有責任，所以你必須去執行它。

你一定曾經不止一次地在企業家辦公室裡看到他們正完成或即將開始的專案圖樣或模型。這些他們為完成專案、實現目標而與自己立約的手稿，在目標完成之前，他們絕不會止步。向有錢人學習，把你策劃的專案放在辦公桌上，放在自己眼前。

只要你想實現它，它就不是白日夢。

——猶太復國之父　希歐多爾・赫茨爾（Theodor Herzl）

013 現在就行動

為了實現你的目標，你得從今天就開始做一些和目標相關的事情，比如打電話、列清單、約定會面或是寫計畫。

撒母耳·拉比諾維奇曾說過：「堅持是成功的右手。」不開始行動就無法實現目標，所以當你確定好目標並與自己立約之後，就必須行動起來了。一定要今天、現在、馬上就行動起來，立即行動非常重要。

每個行動都會引發連帶效應，使你的計畫處於持續進展之中，如果不儘早開始行動，之後每一步都會被推遲。不管你決定做什麼，沒有什麼不能從今天就開始做。

打電話、購買日曆本、標記日期、考察場地、蒐集網路資料、制定未來一個月的日程表、第一次會面、動腦會議……今天就行動吧，明天你就能進行下一步了，這樣才能證明你確實已經起步。

如果不行動起來，度過的日子都是徒勞。

——摩洛哥猶太人

014 騰出時間來思考和反省

一定要騰出時間進行思考，因為一切都是你的大腦創造出來的。留出時間來思考一下你選擇的奮鬥之路。一切都始於思考，就連烤一個蛋糕也不例外。

拉比多夫・門澤利奇說過：「思想就是全世界。」的確如此，人的大腦是取之不盡、用之不竭的創意之源。我敢肯定，每個人的腦子裡都藏著很多祕密，透過這些資訊，我們可以探索致富方法，發現關於產品或服務的奇思妙想，也可以找尋到解決各種問題的答案。

就像是逛圖書館，幾十萬本書陳列在書架上，我們要做的只是挑選其中的一本，選擇感興趣的內容閱讀。這樣，這些內容就在大腦中儲存下來了。

科學家證實，大多數人只利用了很少的大腦能量。為了能夠充分利用大腦中隱藏的奧祕，我們要經常去逛大腦這座圖書館，在那裡「坐一坐」，依照需求提取有用資訊，並且賦予它們生命。

大腦和圖書館不一樣的地方在於：我們不用到特定的地方才能使用它的功能，只要花時間進行思考就行了。一定要騰出時間思考和反省，思考自己的觀點、方案和有待改進的地方，讓思想的帆船載你駛向全新的世界。

如果你平時不常思考，那麼剛開始你可能覺得很難，但只要嘗試幾次之後，你就能學會運用自己頭腦中的智慧了。

給自己找一個安靜的角落，向後仰靠著，開始想像和思考吧。一個神奇的世界即將展現在你眼前。其實它一直與你同在，只不過你從未啟用而已。

想像力比知識更重要。因為知識有侷限，而想像力可以無限延伸。

——猶太裔美國物理學家　阿爾伯特・愛因斯坦

015 替換你的想法

大腦在每次思考時往往只能出現一個想法。要學會用積極想法替換消極想法。

的確，這是戰勝消極想法的一個重要方法。所以當消極或恐懼的想法潛入大腦時，你要用積極樂觀的想法替換。這對於初學者來說可能有一點難，**但經過幾次練習之後你就會發現，這絕對是一個很有價值的工具，你可以用它來擺脫消極思想和恐懼的困擾。**

猶太政治思想家A·D·戈爾登（Aaron David Gordon）說過：「只有來自於情感深處的想法才會深刻而開闊。」這再一次證明了思想和情感會相互影響，你一定要弄懂兩者之間關係，並且控制好它們。

悲觀主義對於猶太人來說是一種奢侈。

——以色列創國者之一　哥達·梅厄（Golda Meir）

016 意志的力量

意志可以打敗一切。如果你夠想要，你就能獲得。

拉比所羅門・伊本・蓋比魯勒說：「意志力是來自上帝的力量，它創造了一切並讓世界運轉」。是的，人們獲得的任何東西都是源自於意志力，沒有獲得是因為意願不夠強烈。

每個人都是赤裸裸地來到這個世界上，成功的人是看準了機會再付諸行動。看看你周圍那些成功人士，他們不見得都是最會學習、人緣最好或者家境最優渥的，他們只不過比他人擁有更強烈意願，決定不再坐等天上掉下餡餅，透過勇敢嘗試、努力實踐取得成功。

有錢人都是依靠苦幹實幹致富，不靠運氣也不靠遺傳，所以，你也能夠做到。

一個人的意願就是他的尊嚴。

——《哈西德之書》（*Book of the Pious*）

017 時機就在眼前

時機確實就在你的眼前，一直都在。我們要鍛煉技能，奪取先機，成功後也不要停止繼續尋找機會。

波斯猶太人常說：「機會不會敲第二次門。」所以，要盡力去尋找此時你身邊的機會。古語有云，當學生準備好了，老師就來了。要對環境保持警醒，了解你感興趣的事物最新發展，比如新興網站，或者可以應用在電信公司和各類信息服務供應商的業務。

當網路剛出現時，我就購買了許多網址名稱。因為當時購買網址名稱的機會很多，我還推薦給了不少朋友。有些人買了，也有一些人沒有抓住機會。兩年之後，我將購入價為六十美元的三個網址以十萬美元的價格賣掉。

今天開始，在每一個可能的領域，爭取你的機會，你一定能賺到錢。

鎖著的門不會輕易打開。

——《塔木德．巴瓦．卡馬》（*Talmud*）

018 另闢蹊徑

哪個人小時候沒有在田野裡走過？

拉比約瑟夫・霍洛維茨說：「沒有路的時候，就得開闢一條新路。」每個人都曾在長滿植物的田野裡走過。你還記得那段路嗎？田野裡的小道一般都留有前人走過的痕跡，後面的人會一直沿著這些痕跡走，以致那些被踩踏的植被再也無法生長。

這條小道一定是最快最便捷的嗎？其實不一定。但大多數人還是會走這條路，因為已經有人選擇了，並已開闢出來。**有錢人都知道，想要成功到達自己設定的目的，就得另闢蹊徑，讓這條新路帶領你通往屬於自己的目標，而不是像大多數人那樣隨波逐流。**

你自己也要學著另闢蹊徑，不走尋常路，在你生命的田野中發現新的美妙風景。

有時，換一條新的路回家會給你新鮮的感覺。在其他領域也是一樣，想像一下，如果自己再勇敢一點，會發生什麼事。

要站在路上察看、訪問古道，哪是善道，便行在期間。——《耶利米書》（*The Book of Jeremiah*）

019
劍走偏鋒

不時地放任自己，逃脫明智意見的束縛。

這些意見或者行動方式有時會讓你難以打破常規，無法取得新突破。當你覺得自己想要或是有能力嘗試新的方向，馬上「靠邊停車」，走下大道，踏上小路，也許就會有新發現。因為如果你不去嘗試，就永遠無法得知。

向那些有愛、有智慧的人請教。——猶太裔西班牙翻譯家　猶大・本・提翁（Judah ben Tibbon）

020 通向幸福之路

根本沒有「通向幸福之路」這麼一回事，走這條路本身就是一種幸福。

學會享受過程，因為一旦你實現了某個目標，必定會有新的目標。我們都以為有了一所漂亮的房子就會擁有幸福，但是當我們得到之後還是覺得不夠幸福，因為還想要新的傢俱和美麗的庭院。即使所有這些擁有了，我們又會想要新車、新電視等等……

這就是人類的本性。一旦獲得了自己想要的東西，就會繼續想要其他的東西。生命不息，欲望不止，所以要學會享受過程，享受行動本身。

這才真的是最大的樂趣所在。

幸福並不是一個理性概念，而是想像的產物。

——德國哲學家　伊曼努爾・康德（Immanuel Kant）

021 是什麼阻礙了你成功？

很多人因為自己的習慣、恐懼、驕傲和消極想法而無法成功。

以上哪一點阻礙了你的成功呢？

停下腳步認真想一想，到底是什麼原因阻止你前進？有錢人憑藉自己的實力，或借助專業教練、心理醫生或培訓講座的幫助戰勝阻力。找出自己的漏洞，想辦法擺脫它們。拉比閃・托夫・弗拉基爾說過：「一個人真正的成功，在於依靠自己的能力和智慧實現所有願景。」

天空是極限，等待著你去征服。

保守地活著只不過可以讓你在退休時享受點好的待遇，僅此而已。

——本書作者　史威加・貝爾格曼

022 阻礙進步的思想

阻礙人們實現夢想的唯一障礙就是植根於自己頭腦中的思想，或者別人想要根植在你頭腦裡的思想。

猶太人知道一個道理：你想要自己成為哪種人，你最終就會成為哪種人。所以，我們首先要逐步擺脫他人灌輸給我們的思想，這些思想可能來自你的父母、老師、家人或者朋友。無論他們認為你應該做什麼，**最重要的是你認為自己需要做什麼。你要排除所有與自身需求不符的外界影響干擾**。

有時候，這些影響非常深，以至於你必須尋求專業指導才能快速有效地擺脫它們。然後，你要讓自己的思想積極，肯定自己潛能，明確自己的目標。思想成就人生，現在就開始打造你的未來吧。

工作是人生，思想是光。

——法國作家　維克多・雨果（Victor Hugo）

023 我做得到！

世界上最強有力的四個字就是「我做得到」！

有錢人時時刻刻都在使用這四個字，用它來說服自己真的可以，於是就真的完成了。你也要對自己說「我做得到！」，然後完成自己的任務。從今天開始，你的成功密碼就是「我做得到」！

我確定，你做得到，所以別再猶豫了。

不管你認為自己做得到還是做不到，這兩種情況你都說得對。——本書作者　史威加．貝爾格曼

024 變化和機遇

當你承受變化時，變化是一種威脅；而當你製造變化時，變化就是一種機遇。

當員工在工作單位經歷管理層更替時，往往會感到不確定性。這種不確定性會轉變成威脅，但通常會隨著時間推移而漸漸消退。

當你主動尋求生意或生活變化時，你就為自己製造了一次絕佳的機會，去嘗試目前為止還未做成的事。變化對每個人來說都可能是機遇。

所以如果你還沒實現自己的理想，那就去改變吧。

變化是你人生中最重要的東西，尤其當你能夠掌控它時。

——本書作者 史威加·貝爾格曼

025 瘋狂的想法

有一瞬間，你需要把所有人都拋在身後，朝著腦海中的想法飛奔。

英國前首相本傑明・迪斯雷利（Benjamin. Disraeli）說過：「熱情是天才的靈魂。」有時，你需要讓大腦停止接收外來訊息，勇敢邁出追逐夢想的腳步。不管這聽起來有多瘋狂，你只管做就是了。

這只存在你腦中，唯你獨有。周圍的人有可能阻擋你前進的腳步，因為他們仍然停在舊觀念中。

不要止步，繼續向著你所期望的新工作、新事業、新靈魂前進。

思考的本質就是自己與靈魂的對話。

——古希臘哲學家　柏拉圖（Plato）

026 個人成長

樹木要長到多高？它們只會盡其所能地生長。你呢？

改變自己的日常生活，騰出更多時間來促進個人的成長與進步。少看點電視節目，多讀幾本書，用能夠幫助你致富和賦予你精神力量的知識充實大腦。

在早晨做一些你喜歡做的事情，以積極的心態開啟一天的生活，你的日子就會變得愈來愈積極向上。

世界上的每一次進步都是以精神和肉體上的折磨作為代價獲得的。

——德國哲學家　弗里德里希·尼采（Friedrich Nietzsche）

027 思考的角落

所有問題的解決辦法都在你的腦子裡，你只需要深入去挖掘。

找點時間放空自己，靜靜地思考。給自己騰出一個思考的角落，利用自己的大腦，構思一些改進工作、改善生活的點子。這個思考的空間必須足夠安靜，而且只有你一個人。可以是深夜的家中，靠近海邊的車子裡，公園裡，或只是坐在辦公桌旁。

讓自己放鬆下來，想像屬於你的美好生活，並思考如何實現。

停止思考就意味著停止生命。

——猶太作家　門德利

028 丟掉完美主義

追求絕對完美的人，永遠無法進步。

拉比摩西・伊本・以斯拉說：「完美只屬於上帝」。不要做完美主義者，追求完美的人無法同時勝任多個任務，而且多半不會對結果感到滿意。**讓自己活得輕鬆一點，允許自己為了同時完成多個任務而做出一些犧牲，即使不能做到一〇〇%，做到九〇%也就足夠了。**

完美主義強迫症會阻止你進步，並且讓你產生不滿意的感覺。不過，你也不能掉入輕視一切的圈套中，要在時間允許之下盡可能做得更好。

別害怕完美，因為你永遠也無法企及。

——西班牙畫家　薩爾瓦多・達利（Salvador Dalí）

029 屬於你的榮耀時刻

每個人的生命中都會有名聲大噪的一刻。當這一刻來臨時，要學會理智應對。

如果你因為才華橫溢、事業有成或者別的原因被電視臺邀請參加節目，那就請把節目做好。你要提前抵達攝影棚，問問別人在接受採訪時怎麼站才會覺得舒服，穿深色襯衫並且扣好紐扣，讓自己顯得更專業。

千萬不要攻擊採訪者，他可是擁有一大批忠實觀眾。

要微笑，沒人會真正記得你說過什麼，但卻會記住你是否具有親和力。不要用手轉筆，也不要遮住自己的臉，更不要作秀（這個現象很常見）。

最重要的是，即使承受著巨大的壓力，也要試著享受整個過程。

對成名的渴望是所有偉大靈魂與生俱來的渴望。

——愛爾蘭政治家　艾德蒙·伯克（Edmund Burke）

030 尋找你的動力

有錢人只做自己熱愛的事。

亞伯拉罕・梅納赫姆・曼德爾・烏西施金說：「任何事都無法阻擋強大的意志」。當你想要什麼、喜歡什麼時，想獲得這件東西對你來說其實並不困難。

生命如此寶貴而短暫，不要將時間浪費在不能使你感受過程中的樂趣，也無法讓你享受美好結局的事情上。如果你發現自己日復一日地為不熱愛的事業而早起奔忙，那就暫停這樣的生活吧，反思一下，改變你的生活方向。

切勿任憑生命在你面前匆匆流逝，一定要尋找一項能夠「驅動」你人生的事業。

當你的心破碎，你的船沉沒，任何事都不再重要。這是幸福的終點，也是平靜的起點。

——愛爾蘭劇作家　喬治・蕭伯納（George Bernard Shaw）

031 你的下一個十字路口

把握機會，因為每次機會降臨時，你都站在一個重要的十字路口上。

你可以選擇繼續過數年如一日的規律生活，也可以選擇在下一個十字路口抓住機遇，改變人生方向。並不是一遇到十字路口就要轉彎，但一味地直行也並非實現目標的正確途徑。

當你能夠認清機遇之後，試著在每次機會面前找出十個值得付出行動的理由，否則就放棄這次機會。

有錢人在遇到機會時，他們會綜合考慮各種因素，然後做出最終決定。

沒有什麼是你不能做的，只有你認為自己不能做的。

——本書作者　史威加．貝爾格曼

032 闖出一條新路

為了取得新的成功，你必須敢於創新。

摩西．拉茨若斯曾說過：「我們要深入研究舊事物，努力推動新事物」。猶太有錢人總是不斷開闢新道路，並且勇敢嘗試還未被廣泛接受的新事物，直至成功。

拿出魄力和勇氣，打破框架。看看「一米披薩（Pizza Meter）❺」是如何借助方形披薩這個創新理念獲得驚人成功的吧。

你也要重新整理思路，打破已經形成的陳舊觀念。

勇氣就是在你害怕的時候也能以正確的方式完成任務。

——美國五星上將　奧馬爾．布萊德利（Omar Bradley）

❺ 一米披薩，以色列知名披薩連鎖店，以製作長度達一米（約一百公分）的長方型披薩著名。

二

態度篇

如果你在周圍所有人都憤怒的時候還能保持克制，
如果你學會用同樣的態度對待所有人，
如果你在困境中還能樂觀面對，
那麼你就能掌控自己的人生了。

033 家庭是你的力量來源

家人和家庭氛圍是你獲取力量的一大來源，它能給你征服世界的力量。

《聖經．詩篇》裡寫道：「你的妻子在你的內室，好像多結果子的葡萄樹；你的兒女環繞著你的桌子，好像橄欖樹的枝條。」

要想在生意上取得成功，你每天早上出門時要保持笑容和冷靜，告訴自己在一天的工作結束之後，能回到一個寧靜、舒適、充滿愛意的地方。這樣的狀態將給你應對商界挑戰的能力（商界有時很冷酷，有時很排外，有時讓人氣憤，有時令人恐懼）。

就像汽車電池一樣，人也需要每天充電，才能有新的能量。成功人士最重要的能量來源就是家庭和家人。

想要愛上家庭的幸福和寧靜之美，就要從童年時期開始去體會和感受。

——法國思想家　讓—雅克．盧梭（Jean-Jacques Rousseau）

034 成功是會傳染的

和成功人士交朋友非常重要，因為成功常常是會傳染的。

猶太演員薩米・戴衛斯（Sammy Davis）說過：「這個世界從不仇恨失敗者，它根本顧不上他們。」毫無疑問，成功具有傳染性。觀察一下成功人士的社交圈，你會發現他們身邊的人也都是成功者。成功人士和有錢人互相激勵，不斷進步。在他們身邊通常很少會有倒楣鬼或者憂鬱者，因為他們之間缺乏共同語言。

你也應該試著加入成功人士的圈子，學習成功人士的行事方式，直到成功傳染給你。

取得成功比一切法則都重要。

——雅典劇作家　曼德魯斯（Menander）

035 學會傾聽

學會傾聽，上帝給了我們一張嘴和兩隻耳朵，目的就是讓我們少說多聽。

拉比烏爾曼說過：「那些訴說心中欲望的人，最終會聽到他不想聽的話。」比起傾聽，大部分人更喜歡被傾聽。

缺少傾聽讓大部分人失去了重要資訊，如果你心裡一直準備要跟對方說的話，即使現在保持沉默，也很難將注意力集中在對方的發言上。

成功人士會改正這個習慣，他們注意到傾聽在商業上的重要價值。專心傾聽對方，很可能幫我們發現重要資訊，也會使我們的談話更加有趣，還能避免向對方暴露過多資訊。

現在就開始練習，盡量地傾聽，試著控制你的表達欲，你會發現一個全新的世界。

為自己說過的話感到後悔的人，遠比同情他的人要多。

——拉比　邁蒙尼德（Maimonides）

036 修煉你的內心世界

修煉你的內心世界，心理健康對於我們的個人進步和事業發展都極其重要，因為它能讓我們的內心平靜，引導我們做出明智決定。

曾獲諾貝爾文學獎的猶太作家薩繆爾．阿格農（Samuel Czaczkes）說過：「平靜的靈魂才是完美的靈魂。」也許你在有錢人的書桌上看過各種代表力量的石頭或其他東西，你可能看見過小型噴泉、房間一角的薰香，或是關於冥想的書籍。

每個人的內心世界對於開發自己的潛能來說都極為重要。

我們的肉體和靈魂的力量來源存在於不同的領域，要選擇能夠讓自己內心平靜的力量來源。你也要去搭建與自己的內心世界相連接的橋樑，好好修煉你的心理健康。

精神上的貧窮比物質上的貧窮更艱難。

——猶太政治思想家　A．D．戈爾登

037 可以依賴直覺

聽從你的直覺，有時候它能預知即將發生的事，你卻無法解釋這如何實現。

猶太哲學家和詩人耶胡達．阿巴伯內爾曾說過：「經驗比邏輯更有力量。」直覺是大部分時候指引我們方向的內在聲音，這是被眾多研究者關注的一個神奇的現象。

有研究認為，直覺當中有許多超乎正常感官的成分。很多時候，我們都在向自己的內心尋求破解各種人生困境的答案。直覺就像是一隻小小的手電筒，為我們照亮前方的道路，讓我們在做決策時能夠看清方向。

在眾多的採訪中，一些商務人士都表示自己相當依賴直覺。

你要向他們學習，在做決策時為內心的直覺預留一些空間，讓它為你指路。你的潛意識正試圖向你傳遞資訊，你一定要聆聽。

經驗多了，就沒有什麼是不可能的了。

——英國作家　亞瑟．哈勒菲斯（Arthur Helps）

038 認清你的侷限

認清自己的侷限，因為我們每個人身上都有不同的侷限。我們認識得愈全面、愈透徹，就愈能突破侷限，避免失誤。

約書亞．斯坦伯格曾說過：「根據樹影來判斷一棵樹的大小，根據謙遜來判斷一個人的優劣。」我們每個人都具備多種能力，能夠帶領我們創造一個又一個新的記錄，但同時，我們也有很多侷限。

了解了這些侷限，我們就能知道何時需要別人幫助，這個人需要具備怎樣的性格特徵，也能知道適合眼前的最高投資標準是什麼，還可以知道對哪些產品應該進行投資或者調整投資，才能使損失更少，獲利更多。

認清你的侷限，區分出哪些是你目前能改進的部分，哪些是你未來才能改進的部分。根據自己的侷限劃定行動範圍，降低失敗機率，提高成功的可能。

當人們無法讓正義變得強大，那就讓強大的東西變得正義。

——法國數學家　貝爾茨．巴斯卡

039

道歉是一種高貴的品格

學會道歉，憤怒和報復會帶來負面情緒，並且讓人把精力浪費在沒有任何進展的事情上。道歉是一種高貴的品格，請善用它。

奧地利心理學家威廉・斯泰克爾（Wilhelm Stekel）說：「高貴的靈魂才能夠忘記和原諒。」在猶太文化中，道歉是《托拉》裡的法則，憤怒會把我們的思想引向本該敬而遠之的陰暗之處。

如果你無法避免生氣，那就不要在憤怒時做決定和發出警告，因為你很有可能無法堅持原則，就算你被迫堅持，也會因此陷入更多的錯誤當中。

成功人士懂得運用道歉和原諒的能力，大事化小，小事化了，他們不會讓自己陷入負面情緒之中。

擁有道歉的品格，是一筆巨大的財富。

憤怒就像自己喝一杯毒酒，然後等著別人倒下。

——本書作者　史威加・貝爾格曼

040 改變要慢慢來

過大或者過快地改變有可能招致迅速失敗。人類的天性更容易接受緩慢、漸進式的改變。要按照你的個性來做改變。

關於改變，約翰·特沃斯基曾說過：「流水能夠推磨，止水散發惡臭。」改變是進步的必要條件，對每個人都很重要。如果你決定對生活做出改變，你得知道，改變得以成功的一個重要因素在於改變的速度。人們不喜歡改變，就算現狀並未得到改善。因為他們已經學會如何適應現狀，卻不知道在新的狀態下會發生什麼事。

因此，**最好以緩慢速度實施改變，向周圍的人、也向你自己大聲宣布：「我在改變！」就像汽車轉彎時需要先減速一樣，你也需要這樣做——慢速、安全。**有錢人懂得，改變會為我們打開一扇通向更美好新世界的窗，所以他們並不害怕改變。

慢慢地實施你的改變吧，你也會成功的。

一切都在改變之中，除了改變是唯一不變的。

——猶太裔英國小說家　伊斯雷爾·贊格威爾（Israel Zangwill）

041

為承載你的機器投資

為你的身體投資，身體是承載自我的機器，讓你可以輕鬆做事。要保持良好的飲食習慣，經常鍛煉，更新自己在健康、營養和醫療方面的資訊。

拉比納赫曼·布拉斯洛夫說過：「修復你的身體要先修復你的精神。」人體是一台精密的機器，當今所有的科學技術都無法詳盡地了解人體的每個部分。要想讓這台精密儀器保持長久地良好運行狀態，就必須要維護它，就像我們對待其他設備一樣。

注意觀察有錢人為他們身體進行的大筆投資，你也應該投資你的身體。不要抽煙，吃健康的食物，每週至少鍛煉體格一次，保持作息規律，你就能享受健康長壽的人生。

要改正不良習慣，向你的意志力發起挑戰。你還得通過另外一項考驗，那就是不可貪多，知足常樂。

人的身體比人創造的所有東西都更具藝術性。

——猶太裔荷蘭哲學家　巴魯赫·斯賓諾莎

042 慶祝勝利

慶祝每一次成功，記錄下向頂峰衝刺的路途中的重要里程碑。每當你成功向前邁進一步，都要獎勵自己，為你的進步喝彩。

猶太人有一句祝福語，叫做「祝福並不是一行字，而是具體的行動。」

人生就像一張拼圖，我們一次次找到並拼上新的一塊，有一些是快樂的，有些不那麼快樂。每當成功拼出人生拼圖中新的部分，都應該慶賀新的勝利，讓我們有更強大的動力迎接下一個挑戰。

每一次取得進步時，都可以輕鬆一下，慶祝自己的成功。這是你應得的。

懂得取勝的人多，懂得享用勝利果實的人卻很少。

——古希臘政治家　波利比烏斯（Polybius）

043 杜絕八卦

避免對別人說三道四，也不要誹謗他人，閒話和八卦有百害而無一利。

在猶太文化裡，八卦只會引發他人的反感。拉比艾拉紮爾・羅基奇說過：「沒有比誹謗更壞的事情了。」拉比納赫曼・布拉斯洛夫總愛說：「誹謗讓人在戰爭中失利。」說閒話的人最終只會作繭自縛，招人記恨。私底下說人閒話，最終會公諸於世，傳閒話的人就會像新生兒一樣，一絲不掛地暴露在人前。

一定要盡力避免對別人說三道四。成功人士知道，說閒話會損害自己的生意，它變成你的談話內容中的一把劍。避免八卦別人，也不要四處傳播流言蜚語，這樣你才能使自己遠離尷尬和危險的境地。

你的朋友和你的敵人必須聯合起來才能傷害到你，一個把刀子插入你的心，另一個跑來告訴你這個消息。

——美國小說家　馬克・吐溫

044 給予產生正能量

多給予，給予能夠產生積極的力量，你給予的愈多，收穫的也就愈多。除此之外，給予其實是一種很好的享受，是精神的昇華。

猶太人常說：「上帝會為做慈善的人創造財富。」為了將這股積極力量帶入生活中，你必須學會給予。如果不倒出罐子裡原有的一部分水，就無法往裡灌入新鮮的水。

當你給予、捐獻、分享時，你會得到更多回報。這並不是一句空話，而是經過事實驗證。成功人士深知，比起丟失或者升級一件東西，把它送出去更能夠產生正能量。

不要期望上帝會如你所想的幫助你，他有時會用自己的方式幫你。

——以色列小說家　平克斯・薩德（Pinchas Sadeh）

045 尋求幫助並不是軟弱的表現

學會尋求幫助。把自我放在一邊，當你需要幫助時，就要求助別人。總有一天你也會回報那個幫助過你的人，向他提供幫助。向他人尋求幫助可以大大縮短你的成功之路。

拉比以撒曾說過：「侏儒站在巨人的背上，就能從高處看巨人。」在猶太文化裡，幫助是一種義務。如果你向拉比阿齊瓦請教，請他用最簡單的語言教你學習整部《托拉》，他會簡而言之地說：「要愛你的鄰居，就像愛你自己一樣。」

人人都喜歡被人需要的感覺，都希望自己對別人很重要，都想要知人所不知。這些感覺會極大地滿足人們的自尊心，所以他們十分期待別人向自己求助。問題是，由於同樣的原因，有些人會拒絕尋求別人的幫助，因為他們不想讓自己成為求助者。

成功人士會克服這樣的心理，在必要時向他人尋求幫助。這樣做不僅不會傷害到他們的自信心，還讓他們在自己不精通的問題上得到詳盡的講解，或者得到其他幫助，這樣就為自己節省了大量的時間和金錢。

我們接受上帝的鼓舞，但卻期待人類的幫助。

——猶太裔德國作家 路德維希·伯恩

046 學會提問

如果你有不明白的事情，不要羞於提出問題並接受別人的講解。或許此時你看起來很無知，但隨後你的智慧就增加了。如果遇到問題卻不求甚解，此刻也許不會被當做無知，但你卻永遠無法知道答案。

拉比亞倫・卡林曾說：「沒有每天更新知識的人，連舊知識也不會擁有。」大部分人都不愛提問，因為不想讓自己看起來很傻。我有時會碰到這種人，他們在研討會上一連坐上好幾個小時，就算聽到不明白的某些概念也不提出問題。

會議結束後，他們帶著很多疑問走出會場，卻裝作自己什麼都懂的樣子。成功人士懂得在不明白時提出問題。這也許會讓他們看起來很無知，但聽完解釋之後，他們就懂了。想要成功，就不要羞於向人請教。

最重要的一件事是永不倦怠地提問。

——猶太裔美國科學家　阿爾伯特・愛因斯坦

047 保持平靜

要有君王風範，這並不是指傲慢，而是一種貴族涵養。保持內心的平靜而非麻木，即使面對粗魯的人也要保持克制。

有句猶太諺語，叫做「平靜是最大的愉快。」確實，只有平靜能夠讓人放鬆、享受和思考。就算你還不是成功人士，也要向有錢人的行為靠近：在逆境中仍然要保持高雅的舉止。如果你在周圍所有人都憤怒的時候還能保持克制，如果你學會用同樣的態度對待所有人，如果你在困境中還能樂觀面對，那麼你就能掌控自己的人生了。

過不了多久，你就會發現周圍人對你的態度發生改變，那時你就朝著自己追求的境界又邁進了一步。

不在靈魂中找到平靜，就得從別的地方找回來。

——法國作家　弗朗索瓦．德．拉羅什富科（François de La Rochefoucauld）

048 讚美是金

鼓勵和讚美之詞人人都愛聽。學會由衷地讚美他人。對別人的誇讚不會讓你損失一分一毫，反而會贏得不少加分。

德國詩人海因里希．海涅曾說過：「在這個時代，言語會帶給你無法想像的結果。」的確，簡簡單單的一句話，就能扶起跌倒的人，幫助別人實現他的目標，並且在他人心中留下良好感覺。

讚美是金。很多人不願意讚美別人，只是因為他們覺得一旦讚美別人，就貶低了自己的價值。成功人士懂得讚美自己的工作團隊以及身邊的人，這樣就為彼此營造出一個更加舒適和愉悅的相處氛圍。

想要組建一個無往不勝的團隊，一支能夠與你並肩作戰的隊伍，你需要做的是多說一些讚美之詞，建立融洽關係。如果觀察兩名拿同樣薪水的員工，其中一個經常被人以真誠不虛假的誇獎，另一個卻從未得到誇獎，我敢肯定，兩人的工作成效會有很大的差別。

讚美的意義是非凡的。

——本書作者　史威加．貝爾格曼

049 把過去拋在身後

過去的事情，發生了就發生了，不要讓你的過去影響你的現在和將來。不要為過去的損失而煩惱。未來就在你面前，你可以把它變成你希望的樣子，決定權就在你手裡。

「我們身後的過去並不認識我們，我們面前的無盡未來也將不記得我們」。猶太詩人伊紮克・萊布・佩雷茨這樣說。許多富人在致富前都走過彎路。事業挫折和精神磨難曾不止一次地降臨在他們頭上。即便如此，在每一次失敗跌倒之後，他們又能站起來，朝著目標重新出發。

曾經的損失都成為過去，失敗史不過是人生中的一段插曲。過去的事情，發生了就發生了。在邁向成功的征途上，每一天都是新的篇章。

準備是最重要的。諾亞不是在洪水出現之後才開始修建方舟的。

——美國股神　華倫・巴菲特

050 樹立榜樣

要成為別人的榜樣。即使是做好事，也會有人指責你是出於自私，所以你要學會忽視這些指責。

猶太人教育孩子的最佳方法之一便是樹立榜樣。有錢人因為經歷而成為眾人榜樣。現實生活中，很多人都盯著有錢人的成功，想學習他們成功的奧祕，因為他們已經成為一個被證實的範例。

你自己也可以在決策力、創業力、貢獻力和助人方面成為別人的榜樣，這樣你就創造出了一個懂得欣賞你，對你做出積極評價的環境。

當你成為了別人的榜樣，你對自己的要求就會順帶地提高，因為你對自己的期待會更多，漸漸地，你會發現自己能力充滿無限可能。

大部分的成功是在別人都放棄之後仍堅持不懈努力的結果。

——德國探險家　威廉・彼得斯（Wilhelm Peters）

051 持之以恆

如果一直重複做自己做過的事，那你就只是一直處於早已達到的高度，不會更低，但也絕不會更高。

猶太人喜歡引經據典，例如「若說努力之後會有收穫，這是可信的；若說努力之後沒有收穫，則是不可信的。」有錢人獲得成功的祕訣之一就是持之以恆。很多人制定了計畫，搭建了模型，卻沒有付諸行動。為了實現夢想，你必須持之以恆地行動。

如果你的努力在一段時間裡未達到理想效果，那就表示需要做一些別的努力，一定不要停止奮鬥。在奮鬥過程中，通往新世界的大門會一扇扇在你面前打開。不要擔心，勇敢地跨過這幾扇門，擁抱嶄新世界，去嘗試新鮮事物。

如果一直重複正在做的事，那只能達到自己早已達到的高度，如果你對這個高度不滿意，那就去做點別的事吧。

都說愚蠢的人留不住錢財，我倒想知道，愚蠢的人什麼時候有過錢。

——英國平面設計師　阿倫・普拉切爾（Alan Fletcher）

052 名譽貴如油

維護名譽，為自己建立的聲譽是一筆財富。

有句猶太諺語：「好名聲傳千里，壞名聲傳萬里。」

優秀的品格可以為你帶來好的聲譽，比如說勇氣、魄力、慷慨、可靠、思慮縝密、實幹等等。你要保持這些品格。

猶太先賢曾說過：「名譽貴如油。」此言不假。一個人，特別是商人，最可貴的財富之一便是聲譽，也就是他為人所知的過去和目前的所作所為。

誠信正直的人只需要握個手、說一句話或者點一點頭，就能夠談成一筆金額高達幾百萬的大生意。

在鑽石交易市場，鑽石經銷商只要靠一句「祝你好運」就能拿下金額龐大的生意；很多商人靠一通電話就能談成一筆大業務，沒有人會懷疑對方不履行合約義務……

這一切都是依靠多年建立起來的好聲譽。

相反的是，有些人如果不先付錢，別人連一支鉛筆都不會賣給他。

你要長期維護自己的信譽，保持正直和誠實，維持勇氣和魄力，不要被一些違背法律或道德的觀念引誘。

因為只要在旁門左道上成功一次，就會毀掉你未來更多次的成功。

——《聖經・撒母耳記》

他的性情與他的名相稱。

053 追求智慧

多讀書，因為書中藏著許多智慧，你需要做的只是定期閱讀一本書。如果每天讀十頁，兩年之後你就能讀完二十四本書，而這些書一定會改變你的生活。

猶太人常說：「智慧第一，去追求它吧。」

書店和圖書館書架上擺放著各類書籍，書裡蘊藏著許多智慧，能夠豐富每個人在各領域的知識儲備，讓我們變得更善良、更富有、更健康，甚至更美麗。

書籍實際上是一種工具，可以幫助我們全方位改善自己的生活。可是，有不少人不懂得使用它，實在讓人遺憾。

想像一下汽車修理工用棍子和石頭轉開螺絲的情景，再想像一個電工用鐵絲在牆上開洞是怎樣的場景。你肯定會說「傻瓜才用石頭呢。」是吧？那麼你又如何看待一個想做生意卻不去研讀廣告和行銷類書籍的人呢？對於立志從商卻不去閱讀財務報表的人，你又怎麼看呢？

你所需要的智慧都藏在你的大腦和書籍裡，而這兩者的碰撞會給你的生活帶來神奇的改變。然而，隨著生活中的各種瑣碎事務以及電視和網路對業餘時間的侵佔，你可能已經不適應每天閱讀的生活了。

儘管如此，你也應該開始閱讀，購買新出版的商管書籍，**剛開始至少每天閱讀十頁，只需十五分鐘。一個月之後你就已經讀完兩本書了**。我敢保證，你的知識量一定會有所增長，新世界的大門正在你面前開啟。

不管有多忙，一定要從書籍中汲取知識，閱讀能使你不斷進步，最終實現目標。

世上只要還有你不知道的事情，就要堅持讀書。

——古羅馬哲學家　塞內卡（Seneca）

054 微笑的力量

要微笑，因為一笑抵千言。幽默感既可以融化冰霜，又能夠緩解壓力。

猶太人常說，如果你對世界微笑，世界也會對你微笑。我第一次上電視前，就決定研究有關做電視節目的問題。我買了一本書，在書中找到不少重要的小竅門，微笑便是其中之一。當不認識我的觀眾在電視機上看到我的處女秀時，他們看到的是一張微笑的臉，然後在二十秒時間之內形成對我的印象，我的螢幕形象也在此時建立起來了。

假設你第一次見到我，看到的是一個生氣、沮喪、愁眉苦臉的人，你會怎麼想呢？你對我的印象一定是負面的，誰會願意跟一張「如此面孔」的人交往呢？這樣的人一句話都還沒說，就能毀了你一天的好心情。

我使用的招數就是微笑。

如果你和一個人初次見面，對方對你露出微笑，你一定不會覺得反感，你心裡會想：「這個人挺友善的。」就這樣，在二十秒鐘之內，我只用一個微笑，就在萬千個觀眾心中留下好印象。你也要學會微笑。

笑容裡蘊藏著極大的能量，以至於你在電話這一端微笑，另一端也能感受到你的笑意。

成功人士掌握了微笑的奧祕，他們還會用微笑來鼓勵員工。微笑著拍拍他們的肩膀，會給他們增加許多動力。

有時候，這種方式甚至比金錢鼓勵更有效。

不會笑臉迎人，就不要開店接待客人。

——古中國諺語

055 保持理智

時刻保持冷靜。只要做到這一點，無論在多麼艱難的情況下，你也能做出明智的決定。不要失去理智，保持內心平靜，並讓它影響你周圍的人。你會驚喜地發現，當自己給他人帶來平靜時，周圍的人表現出來的平靜也會反過來安撫你的情緒。

英國作家魯德亞德．吉卜林（Rudyard Kipling）曾經寫道：「當身邊的人都失去理性時，而你仍能保持一顆寧靜的心，那麼世界的一切都將屬於你。而且，我的孩子，你將成為一個真正的人！」你肯定遇過喪失理智的人，他們吵吵嚷嚷，暴躁得嚇人。你也一定記得這樣的舉動讓你多驚訝，那時你是如何從那一刻起改變你對當事人的認識。

要保持冷靜，就要具備豁達的人生觀，正確對待人生的各種境遇。我們在過去和未來經歷的困難、悲傷和憤怒都是人生中不可或缺的一部分，要學會冷靜地接受。

我記得多年前利庫德黨（HaLikud）[6]輸掉選舉的時候，班傑明．納坦尼雅胡（Benjamin

---

[6] 利庫德黨，是以色列最大的右派政黨，支持復興猶太文化，對外則奉行擴張政策。該黨在以色列長期執政，一九九九年因大選失利，班傑明．納坦尼雅胡辭去黨主席，由艾里爾．夏隆繼任。

Netanyahu）在臺上當著所有成員的面把「執黨大權」交給了艾里爾・夏隆（Ariel Sharon）。我還記得夏隆在那樣一個艱難的時刻，肩負著一個競選失敗的政黨的前途命運，卻仍然冷靜地呼籲利庫德的核心成員克制情緒，不要相互埋怨。這位老人以令人難以置信的冷靜，安撫了一群暴怒的人，並開始逐漸掌控整個政黨，直到數年之後贏得大選，成為國家總理。

在這樣命運攸關的時刻，夏隆表現出的冷靜讓他在當晚成為一黨之首，更讓他在後來的日子裡帶領利庫德黨贏得了嶄新的勝利。

我們的行為不受個人經歷的影響，而是取決於我們對生活的指望。

——愛爾蘭劇作家　喬治・蕭伯納

056 有經驗的人最有智慧

不要覺得自己無所不知，多聽有經驗的人的話，學會不斷改進和完善，聽聽客戶和員工的話，向經驗豐富的人請教，學習成功者的經驗。

有一句話是這麼說的，「一個缺乏經驗的聰明人，如同一把沒有弓弦的小提琴。」上帝給我們兩隻耳朵一張嘴，是要讓我們少說多聽。

現在，這句話在這裡同樣合適。要想不斷學習和進步，必須要傾聽來自顧客、競爭對手以及員工的聲音，透過提問獲取他們的意見。多向人請教和諮詢，用開放的態度接受經驗豐富者的批評。

當然，最終的決定還是要由你來做，不過，這個決定會明智很多。有錢人會在不同領域為自己尋找顧問。如果你還沒有到達聘請顧問那一步，那就找時間諮詢一下你身邊的人吧。

對於那些需要先學習才能做的事情，我們邊做邊學。——古希臘哲學家　亞里斯多德（Aristotle）

057 學會享受過程

輕鬆地生活。沒人能離開自己的生活。

拉比以茨列說過：「發現上帝的愛是一種樂趣。」不論得或失，不要把一切看得太重，這不過是你人生際遇裡的一段插曲。雖然從商要謹慎，但你要知道，人生中的每一個章節都有告一段落的時候，沒有必要犧牲自己的健康或友誼。

從商就像讀書一樣，一章接著一章，學會享受過程，不要將結果看得太重。

讓我們創立一個新的宗教，它的唯一信條就是：「享受生活」。

——拉比　以茨列

058 避免發怒

憤怒會讓你在短時間內犯下大錯。

拉比所羅門．伊本．格威夫說過：「憤怒的人沒有朋友。」不要誤認為放縱自己、對外發洩憤怒是健康的。從源頭上避免發怒、保持平靜和樂觀，才是真正的智慧。

要相信你自己能做到，也要向別人學習如何保持心平氣和。聽聽音樂，冥想和放鬆能幫助你成為更加平和的人。許多有錢人都是各類冥想場所的常客，他們透過這一手段改善生活品質。你也可以試一試，你會發現一個全新的世界。

憤怒就是喝下一杯毒藥，卻希望別人死掉。

——本書作者　史威加．貝爾格曼

059

培養才能

培養你的才能，它很可能是你真正的大生意。

愛爾蘭劇作家喬治・蕭伯納說：「世界上只有兩種特徵，就是有才和無才；只有兩種類型的人——天才和傻瓜。」猶太民族一直都在尋求才能，靠著崇尚智慧，千百年來儘管經歷各種艱辛，仍然生存了下來。

有人依靠自己的好嗓子致富，有人憑藉自己的繪畫或者演奏天賦致富，也有人透過寫作能力致富。看看自己有什麼才能，想想如何去利用它。才能是你獨一無二的成功機會，好好培養它，你將展翅翱翔。

自然創造才能，命運讓才能凸顯。

——法國作家 弗朗索瓦・德・拉羅什富科

060 時間就是金錢

「現在」就是一份「禮物」，所以在英文裡兩者都成為「Present」。

猶太作家薩繆爾・阿格農曾經說過：「光陰流逝不再回。」每一天，你的生命帳戶都會獲得一千四百四十分鐘的時間，這份禮物無法重新倒回，要懂得運用這些時間。

早上花十分鐘的時間帶孩子們去公園或者學校，也可以為他們準備三明治，或者你可以選擇閒適地一個人喝咖啡。這段時光很可能會改變你接下來一整天的生活，別匆匆跳過屬於你的「美好清晨」。

另一方面，要將等待就醫、交通、用餐、會面安排在空閒時間裡。也要利用一切時間打電話，記錄新點子，以及有助於你想出新點子的積極想法。

失敗只是一個機會，讓你以更加明智的方式重新開始。

——福特汽車創辦人　亨利・福特（Henry Ford）

061 感謝錯誤

當你知道自己犯錯了，就必須付出一切努力去改正它。

很多投資者儘管知道自己錯了，卻仍然要拖延很久才去改正錯誤。這場自我戰鬥往往會帶來重大的經濟損失，因此，及時放低自我才是明智之舉。雖然不去做就不會犯錯，但是犯錯的人也需要儘快彌補過失，這樣才能最大限度地降低損失。

有錢人是不會允許錯誤持續存在的。

若你和狗一起入睡，你就會和跳蚤一起醒來。

——猶太諺語

062 無所作為的風險

時間無論如何總是會流逝的，所以應該趁它消失之前好好利用它。

拉比亞伯拉罕・伊本・以斯拉曾經說過一句智慧名言：「我從沒見過一隻熟睡的貓，嘴邊還躺著一隻老鼠。」人做事總免不了犯錯，但是有一個最大的錯誤你一定要避免，那就是：無所作為。

每當看到別人過著碌碌無為的生活，我總會為他們感到遺憾。那些年過三十、四十甚至五十歲卻還一事無成的人，完全是因為懶惰和害怕犯錯，才讓自己日復一日地僅滿足於基本生存需求。

當他的生命走到盡頭時，回顧自己毫無作為、毫無成就、毫無建樹的一生，他要怎麼和自己交代呢？

無所作為會消耗人的身體，就像讓鐵生銹。——猶太哲學家　雅各・克萊齊肯（Jakob Klatzkin）

063 堅持的力量

要記住滴水穿石靠的不是水滴的力量，而是它們的堅持。

你要堅持不懈，直至成功。

一滴又一滴，一分鐘接著一分鐘，再堅硬的石頭最終也會被滴穿。

相信堅持的力量，你也可以走上致富之路。

要不斷地努力，不斷地思考，不斷給自己施加前進的動力，堅持會讓你實現自己的目標。有錢人懂得，如果想實現自己的願望，不管要花多少時間，只要堅持不懈，最終會得到想要的一切。

儲蓄是一件可取的事，尤其是父母已經為你存了一筆錢的時候。

——英國前首相　溫斯頓・邱吉爾（Winston Churchil）

064 平靜的環境

少聽點電臺新聞和訪談節目，少看點報紙新聞，多聽音樂，多讀些積極向上的文字。

這些做能幫你過著更優質的生活。

生活中的消極因素會在毫無察覺的情況下對你產生影響。每天聽著電臺裡聳人聽聞的消息，每天早晨一起床，看到報紙雜誌的標題都是關於過去二十四小時裡發生的各種壞事，你的情緒怎麼可能處於高昂的狀態？

反過來，你完全可以用聽音樂代替看報紙，讓清晨的美好心情延續一整天。相信我，一天看一次新聞報導就足夠你了解所有的好事、壞事了，就算錯過了什麼大事件，這也不會給你帶來損失。

當你處於更加舒適和輕鬆的壞境之下，你能獲得的東西會更多。

只有當我們忘記自己存在時，才能獲得真正的寧靜。

——以色列詩人　哈依姆·格裡（Haim Gouri）

065 見仁見智

哪怕是身處一地的兩個人，他們的所見所想也會不一樣。

大象和青蛙都生活在非洲叢林裡，但他們眼中的世界卻完全不同。

有時你會面臨生意夥伴無緣無故的固執和任性。你要學著理解，人們對於某件事或某種情況產生自己的見解，形成不同的見解。理解這一現象能幫你應對此類情況。

——本書作者　史威加．貝爾格曼

機遇總是在充分準備後出現。

066 自我認可

正是因為你腦袋裡的胡思亂想，整容醫院才能透過各種整容手術賺得錢包滿滿。接受自己本來的樣子。當你平靜地接受自己的身材和長相時，你的生活也會變得更加美好。

夏皮羅在《猶太思想集錦》中寫道：「完美的人生包含三個方面：認可自己，認可他人，認可上帝。」

你是上帝創造的完美作品，認可自己本來的樣子。

我曾經聽說一家整容機構舉辦抽獎活動，為顧客「修正」困擾他們多年的缺陷。知情人士告訴我，很多人都是帶著自己臆想出來的問題就醫。他們都是有著美滿生活卻仍然自卑的人，原因不過是一顆小小的痣，又或是鼻子、嘴、肚子等部位的小問題。對於一部分人來說，缺陷僅僅是他們想像的產物，他們卻為此折磨自己很多年。

所以，你要努力成為一個有自信的人。做自己，認可自己，因為這個世界早就已經用愛接納了你。

別害怕完美，因為你永遠也無法企及。

——西班牙畫家　薩爾瓦多．達利

067 時刻學習

要不斷學習新東西，不管是加入各類課程，還是訂閱有趣的雜誌，或是上網瀏覽。

拓展視野可能會為事業帶來突破性進展。時刻關注創新領域的新進展，你就能與時俱進，走在時代的尖端。

有錢人投入大量時間在學習和閱讀上，並且關心全球要聞。正是因為一部分人的超前意識，才造就了這個時代許多當中大公司崛起。汽車業、空調業、網路產業、醫療產業無一例外，今後的行業也會繼續如此。

更新自己的知識庫，好好利用下一次成功的機會。

人若不能定期獲取智慧，必將一步步倒退。

——本書作者　史威加．貝爾格曼

068 不斷進步

世界是不斷進步的，原地不動的人就會被甩在後面。

有錢人懂得反思究竟是什麼阻止自己前進。停下腳步想一想，你今年有什麼進步？是不是在原地徘徊太久？是不是什麼原因讓你停止進步？如果有，那就找出原因，把它從你前進的道路上剔除。

為自己規劃，你希望自己在未來一年、五年和十年裡達到什麼狀態。把這個規劃寫在紙上，貼在你的辦公桌旁。看準自己的目標，一一清除道路上的障礙。

當今世界的進步如此之快，那些說自己無法行動的人馬上就被立刻行動的人制止了。

——美國傳教士　艾默生·福斯迪克（Emerson Fosdick）

069 失敗也是成功的一部分

失敗是暫時的，投降會讓它變成常態。

猶太詩人哈伊姆・比亞利克（Chaim Bialik）說：「讓你得以生存下去的不是最終的勝利，而是最初的失敗。」有錢人不害怕失敗，他們的每一次投資、每一筆生意和決定也並非都成功。走在追求成功的道路上，你也要意識到，失敗完全可能發生。但要記住，失敗是成功不可或缺的一部分，它意味著你離成功又近了一步。

美國發明家湯瑪斯・愛迪生（Thomas Edison）也是在經歷了九百九十九次的燈泡實驗後才最終獲得成功。

在青春的詞典裡找不到「失敗」這個詞。

——布林沃

070 向富人的心態借鑑

把任務委派給他人去做，別人能為你做的事情，就交給他去做吧。

自己想做的事情要儘快完成。同時，你也要相信別人完成任務的能力，這樣你就能騰出時間學習新東西。

在我看來，人的心態有兩種：一種是小老闆心態，整天把生意包在自己一人身上，容不得任何人分享自己的利益；另一種則是富人心態，將企業建立起來之後交由他人管理，讓它在自己的監督下運轉。

如果懂得使用，金錢將會是你的好奴僕，否則，它就變成你的主人。

——古羅馬詩人　荷拉斯（Horace）

071 勇氣是可以獲得的

有錢人都是有勇氣的人。

貝爾・卡茨尼爾森說：「什麼樣的人才是英雄？不是逃避命運的人，而是與命運抗爭的人。不是企圖蒙混過關的人，而是付出一切努力去戰勝命運的人。」

不要害怕冒險，勇敢這種品質可以獲得。想想曾令你恐懼的事情，在你憑藉內心勇氣戰勝它們後，這些事情在今天看來多麼稀鬆平常（比如駕駛）。

你要勇敢地生活，去嘗試，去檢驗，走出舒適圈，去征服這個大千世界，因為成功屬於勇敢的人。

要想戰勝恐懼，必須經歷恐懼。

——本書作者　史威加・貝爾格曼

072 與時俱進

改變是這個世界上唯一不變的東西。

拉比阿隆・卡林說：「不每日更新的人，連陳舊的東西都無法擁有。」猶太有錢人懂得，世界處在不斷變化之中，昨天和今天能夠辦成的事，明天也許就辦不成了。

世界正在飛速變化，我們也要跟上變化。不僅如此，你還要試著解讀未來，辨識和引入潮流，甚至還要創造潮流。這個世界上有什麼會阻止你成為下一個流行趨勢的引領者呢？

學習沒有什麼風險，不學習卻會讓你被這個世界拋棄。

——巴勒斯坦政治家　赫伯特・撒母耳（Herbert Samuel）

073 絕不放棄

很多人在決定放棄時，都不知道自己和成功有多麼接近。千萬不要放棄，直至成功。

有錢人從不輕易放棄。放棄往往會被認為是懦弱。強烈的正義感固然重要，卻不應該成為你闖蕩商界的唯一嚮導。堅持自己的立場，不要給人留下隨時會放棄的印象。

有的時候，堅持就是勝利，要維護自己的商業利益。

妥協是把好傘，但卻是個破舊的屋簷。

——羅素・洛厄爾

074 向前進步

有錢人總是不斷進步。

他們懂得不進則退的道理。就像你在更換汽車時總會購買比較新的款式一樣，要時刻確認自己是否走在前進的道路上。

不要害怕改變，不要拒絕前行，未來屬於富有的人。

進步不是轉瞬間就實現的，而是一個緩慢而艱難的過程。

——本書作者　史威加·貝爾格曼

075 舒適區

走出自己的舒適區。

舒適區，正如其字面意思，就是一個讓你感到舒服的區域。很多人一生都沒有進行任何改變，因為他們安於現狀，即使這個現狀並非一個理想狀態。有錢人從不害怕體驗新事物。你也要從自己的舒適區走出去，到別的地方去尋找更加美好的未來。

人的幸福指數與其決心程度成正比。

——美國前總統　亞伯拉罕・林肯（Abraham Lincoln）

076 賺到錢了嗎？好好享受吧！

犒賞自己也是生活的一部分。你成功了嗎？賺到錢了嗎？那就好好享受吧。

利比亞猶太人喜歡說一句話：「毫無樂趣的日子，不過也罷。」在你獲得成功之後，在你能力範圍之內為自己買一部好車，去餐館吃頓大餐，好好享受生活。我們走到今天，難道不是為了讓生活獲得更多樂趣嗎？

有錢人都過著高品質的生活，他們努力工作就是為了更好地享受生活。

當你功成名就之後，要開始注重生活的品質。不要讓節約的品質將你變得吝嗇，因為這兩者之間的差距極小，要學會分辨，否則你的辛苦付出就太不值得了。

努力賺錢，斬獲成功，然後享受生活。

一個膽大的人可以創造出無數宏偉的想法。

——本書作者　史威加・貝爾格曼

077 真正的富翁

有錢人不會看到什麼就買什麼，他們只是享受這種消費得起的感覺，這樣對他們來說已經足夠了。

猶太人懂得，最大的滿足感並非來自於物質，而是來自於精神。富有的人不需要向別人證明自己擁有什麼，他們只要自己知道就行了。與此相反，有很多人不遺餘力地向他人展示和炫耀自己的富有，各種名貴首飾和豪華汽車買起來毫不手軟，全然不顧自己還沒有走上通往財富的大道。

這種行為會耽誤甚至阻止他們進步，因為他們已經成為富翁形象的奴隸，寧願浪費自己的錢，也要造出一個虛假的身份。

過自己能力範圍內的生活，可以享受消費的自由，卻不一定非得要把消費得起的東西全部買下不可。

如果容易的事情都無法滿足你，那麼任何東西都無法滿足你。

——古希臘哲學家　伊比鳩魯（Epicurus）

078 給自己三次機會

為了確定自己是否喜歡一項新的事業，要嘗試三次之後再做決定。

亞瑟．古特曼說：「才華在遇見堅持之後才變得完整和永恆。」為了考察一項新的事業，你必須要多嘗試幾次。第一次，要克服恐懼；第二次，要學習如何正確從事這項事業；第三次，決定自己是否喜愛這項事業。

嘗試三次，才能確定意向。如果不嘗試三次，也許你就會錯過人生中的重要機遇。不要讓最初的困難打擊你的信心。

記住，成功只會對堅持不懈的人招手。

沒有什麼比看到自己的心血能夠不依賴你，而走出獨立發展的第一步更令人欣慰的了。

——本書作者　史威加．貝爾格曼

079 認識自己的能力

對自己的能力有足夠的認知非常重要。在自己身上投資，持續發掘自己的潛力。

如果你了解自己的真正潛力，你就會明白，你的極限其實比天空還要高。人類自身所蘊藏的潛力是巨大的。軍人們學習如何在短暫的時間裡開發自己的潛能。人在身處險境時會用自己從未想像過的方式成功跨越障礙。有錢人對於自己的能力有著充分的了解，他們也知道這是讓他們得以致富的原因。

把自己想像成一個挖掘寶石的礦工，深入自己的內心，探索和發掘隱藏其中的巨大能量。

安全感就像是一種迷信，它並不存在於自然界，人們也從未體驗過它。躲避危難其實不比直接面對困難更安全。人生不是一場勇敢的冒險，就是一場空。

——美國教育家　海倫．凱勒（Helen Keller）

080 控制你的情緒

猶太有錢人懂得如何處理自己以及周圍人的情緒。

他們會努力了解身邊人的情緒變化，將它做為一項工具，巧妙地運用在事業上。人類的情緒蘊藏著強大能量，如果能對人的情緒反應進行合理控制，就能大大地增加人的動力，這是其他任何方式都比不了的。

了解他人的需求，對準著力點，這能幫你將情感轉變為強大的行動力。

所有真正的聰明智慧，都經過前人數千次的思索；但要使之真正適合自己，我們必須再次誠實地思考，直到它根植於實踐之中。

——德國作家　歌德（Goethe）

081 學會放鬆

教會自己如何放鬆。生活中總會有壓力過大或任務過重的時候，你必須學會讓自己解脫。

聽音樂是個不錯的選擇。你也可以嘗試一些還沒用過的方法來進行放鬆，例如冥想、聽輕音樂光碟、按摩等等。同一種放鬆方式不一定適合所有人，你要找到最適合自己的那一種。

——猶太諺語

平靜是最大的樂趣。

082 快樂使人長壽

精神的平靜和快樂是人類長壽的源泉。

拉比庫克曾說過：「幸福的根本是愛真相、愛生活、愛美好、愛善行。」研究表明，幸福感強的人壽命更長，這只取決於你的生活態度。頭腦決定一切，獲取財富和獲取幸福皆如此。所以，學會快樂地生活，享受生命中每一個細節的感動。用愛心包容這個世界，努力不動怒，善待自己和他人。

當你離開醫院或者墓園時，試著回憶腦海中一閃而過的感悟和唏噓，就能意識到這個世界上還有多少不幸，只有在那時，你才能明白自己有多麼幸福。

幸福不是擁有你想要的東西，而是你喜歡自己擁有的東西。

——拉比　納赫曼．沙河塔爾（Nachman Shachtar）

083 四十歲財源廣進

如果你不是生下來就有錢，你就得花上一段時間才能變得富裕。要耐心地武裝自己。

關於幸福，你首先需要了解的事情就存在猶太智慧書《阿伯特》當中：「什麼樣的人才是富人？知足的人。」明白這一點之後，你還需要懂得，財富總是在經歷一段時間的持續付出和節儉之後才會到來。

一個事業剛剛起步就開始揮霍無度的人不可能累積起財富。大部分的富人都是在四十歲之後才發達致富的。堅持多年工作和儲蓄，再結合成功的投資，最終才會為你帶來財富，但在此之前，你還得以合理、智慧、謙虛的方式不斷投入。

精神財富比金錢財富更珍貴。

——拉比　亞達雅．帕尼尼

084 仔細核對資訊

避免草率地下結論，要再次核對你所接收到的資訊，給自己一點時間消化。

有時候，針對不完整或者不可信的資訊作出快速回應，有可能會導致一連串的失誤。不要對謠言或未經證實的資訊匆忙做出回應。有時，關於競爭對手正在做促銷活動的傳言會促使你做出錯誤決定。學會核對資訊，深入實地考察，了解事實的真相究竟是什麼。

思考是實踐的靈魂。

——英國詩人　羅伯特・白朗寧（Robert Browning）

085 不射門就無法進球

學會冒險——如果不走進賽場，你就永遠無法獲勝。人人都會犯錯，但最大的錯誤就是什麼也不做。

有一句猶太諺語是「好的開始等於完成了一半的工作。」

現在閉上你的眼睛，想像自己已經八十歲了，在生命的黃昏中回顧一生。讓你遺憾的是什麼？有沒有想做卻沒做的事？當初是不是可以再勇敢一點？你會不會對自己說：「如果我做了這些事，我的人生會更精彩？」

現在你可以睜開雙眼，做出決定了。不要怪我沒提醒過你，當你活到八十歲的時候，能責怪的只有你自己。大多數人因為害怕失敗而不敢去冒險，但是你必須明白，失敗是成功的一部分，經歷過失敗，我們才能把事情做得更好。

看看那些蹣跚學步的孩子吧，如果他們害怕失敗，自然不會去嘗試，也就永遠也學不會走路了。你還記得自己剛開始學騎自行車的情形嗎？雖然害怕摔倒，但你克服了這種恐懼，就算偶爾會摔傷膝蓋，最終你還是學會了騎車。

你成功了，這就是勝利。

有錢人敢於冒險，才能獲得成功。就算他們失敗了，也累積了更多的經驗和智慧。記住，如果不投身比賽之中，就永遠不會有勝利。別讓對風險的恐懼控制你的人生。

每天早上起來看一遍富比士富豪榜，如果上面沒有我的名字，我就起床去工作。

——美國諷刺作家　羅伯特·歐本（Robert Orban）

086 從想法到付諸行動

將想法付諸實踐。你對某產品或者某程式有自己的想法嗎？別把它藏在心裡。

拉比所羅門・伊本・蓋比魯勒說：「懈怠的後果是失敗。」你對某專案有好想法嗎？打聽一下專案負責人是誰，今天就把想法以郵件或傳真發送給對方。有時，第一次主動提議就能收到回覆，但也有可能提議一百次後才能得到回覆。

你愈是努力嘗試，成功的可能性就愈大。我敢肯定，每年都有許多員工被辭退，大量絕妙的想法也隨之而埋沒。員工們沒有將其公開的原因不過是害怕想法被剽竊，或者不知道向誰提議，又或是沒有意識到它是個好點子。

你每天都能讀到他人因積極主動而取得進步的故事，其中較著名的有微軟（Microsoft）、谷歌（Google）等等。

你為什麼不試試，讓自己也名列其中呢？

懈怠喜歡為自己的無所作為辯解，說是自己沒有能力去做。

——政治思想家　阿舍・金斯伯格（Asher Ginsberg）

087 少說多聽

上帝給了我們兩隻耳朵一張嘴，是為了讓我們少說多聽。

拉比摩西・伊本・以斯拉說：「對於無法聽懂你的話的人，不要再和他交談。」要用明智的方式開啟討論。提前確定討論流程和意圖，並告知參與討論的人員。討論中多提開放性問題，也就是問題答案並不侷限於「是」或「否」，目的在於鼓勵大家踴躍參與討論。要記錄下結論、觀點和建議（或協議）。

每一次討論、座談或動腦會議都是解決問題、取得進步的機會。營造出色、氣氛和諧的會議可為創意和研發提供絕佳的場地。

自私的人無法與人對話，他們只談論自己。

——美國作家　阿莫斯・奧爾科特（Amos Alcott）

088 先思考，再否定

富人們在否定一個想法前都會先思考一下。除非深入考慮，否則不要輕易放棄擺在你面前的提議。

某個點子乍聽之下可能覺得不可行，但經過後續探討和考量之後，卻發現這是一個有價值的商機。

要做到樂於接納，善於傾聽，敢於嘗試。對事物保持好奇心，可以幫助你輕易地發現一些即將爆紅的商機。

我想，多年以前，應該有不少讀者曾對於能透過電腦進行對話的想法嗤之以鼻。與他們不同的是，另外一些人發現了這一商機，並且熱情地投入進去，最後得以致富。

道德從不像金錢那樣受人尊敬。

——美國小說家　馬克·吐溫

三
理財篇

毫無節制地賭博和揮霍無法維持長久，
你會眼睜睜地看著自己逐漸偏離目標，
任由懊悔蠶食你的靈魂。

哪怕你賺了一大筆錢，也要謹防過度揮霍，
一定要先把事業的根基打牢。

089 利率的力量

利率有著神奇的力量。如果你每天只投資一美元，以一〇%的年利率計算，五十六年後，你的最終收益將是一百萬美元！

猶太作家薩繆爾．阿格農說過：「今天存一塊，明天存一塊，一百塊錢自然而然就有了。」很多有錢人都是依靠大額資金的長期高利率存款發財的。

在美國，有很多屆退休年齡的人都成了百萬富翁，這只是因為他們工作時每月將部分薪金固定投入一個高利率儲蓄專案中。

這樣的固定儲蓄適用於所有人，既不需要掌握專業經濟學知識，也不必每天追蹤投資狀況，而且風險還是最低的。

你也可以選擇類似的理財方式致富，只要每月存一點錢就可以了。

揮霍的人走不通致富路。

——本書作者　史威加．貝爾格曼

090 貸款，走向成功的推進器

將貸款做為走向成功的推進器，這是做大生意必不可缺的一步，不必為此而擔心，只要是該用就用。

大多數人都不喜歡「債務」這個詞，他們大多在投資中避免貸款。有錢人卻懂得，貸款在很多情況下是走向成功的推進器。用貸款進行創業或者投資房產，其實就像投資但是卻反向的儲蓄專案。

普通的儲蓄專案是每月存錢，然後在幾年之後獲得數目可觀的一大筆錢；貸款則是現在先獲得這筆錢，然後再按月返還。你申請貸款的這項業務（當然一定是賺錢的前景），會按月慢慢償還這筆貸款。最終，這套房地產或者這項業務將會屬於你。

貸款這個推進器「迫使」你超前地生活，並且為你的發展提供更多的可能性。

給我一個支點，我將撐起整個地球。

——古希臘哲學家　阿基米德（Archimedes）

091 最神奇的力量——利率

利率是讓人不工作就能創造財富的最大力量。

利率擁有強大的能量。猶太人數百年來一直在從事有息貸款行業。一筆數額十萬新謝克爾[7]的存款，在三%的利率條件下存款四十年，期滿時將獲得三十二萬五千新謝克爾的利息。如果利率是五%，那麼利息將達到七十萬新謝克爾。

如你所見，**利率的力量如此巨大。有錢人的存款遍布世界各地，他們會追逐最高的利率，使自己的資產不斷增加。**

一把金鑰匙能打開所有的門。

——猶太諺語

092 投資股票不能靠信用

永遠不要依靠信用或使用別人的錢去投資股市。

智者說：「貸款要小心，它會讓你日夜擔憂。」股市運轉具有週期性，有的年份行情看漲，有的年份行情看跌，但沒人能夠準確預知什麼時候會漲，什麼時候會跌，必須做好為這項投資花費大量時間的心理準備。

所以，最好不要用銀行貸款或是其他債權人的錢進行中、短期投資。

使用借來的錢進行投資會給你施加無形的壓力，並且可能迫使你在壓力之下做出種種錯誤的決定。

智慧的人不妄圖自己探索道路，他們總是尋求嚮導的幫助。

——俄羅斯諺語

❼新謝克爾為以色列官方貨幣，以色列政府在一九八五年時以新謝克爾取代舊謝克爾，現在一新謝克爾約為新台幣八元。

093 敢於冒險

想要成功，有時需要離開舒適區，冒個險。

一說到錢，大多數人都想走一條既安全又保險的致富之路，不是因為激情，而是由於恐懼。擔心遭受損失，擔心自己一無所有，這樣的恐懼感使人們對平庸生活滿足。

通往財富的道路上，處處布滿了需要冒險的關卡，每個人都要根據自己的能力來承擔相應的風險。

一絲風險都不願意承擔的人，才是冒了最大的風險，因為這樣一來他就永遠地錯過了擺脫平庸生活的機會。

經常想太多的人是危險人物。

——英國作家　威廉·莎士比亞（William Shakespeare）

094 跟銀行殺價

學會在恰當時機與銀行討價還價，很可能決定了你將向銀行繳納的費用。

我們年復一年地向銀行繳納名目繁多、高達幾萬新謝克爾的佣金。有錢人卻懂得討價還價，維護權益，讓銀行給出優惠條件，以及辦理各種銀行業務的費用減免政策。

你也應該打聽一下其他分行收取的費用價格，然後向你所在的銀行提出改善收費條件的要求。有時，以換銀行為威脅能有不錯效果。但這一個威脅的手段只能在你真的有類似想法時使用。

富人們總是能保證自己在支付銀行費用的問題上不吃虧。

像智者那樣思考問題，但是說話方式要和普通人一樣。

——古希臘哲學家　亞里斯多德

095 你的信用卡支出

不時檢查銀行帳戶或信用卡支付記錄，取消那些你不再使用的服務或產品。

雅各・克拉欽說：「追逐貸款就是自尋煩惱。」長期以來，我們有大筆的固定支出都用在購買彩券，訂閱平常不太看的報紙，支付不再使用的網路服務費或是電話費，以及某些俱樂部的會費等等。

這些支出每年會浪費一筆相當可觀的資金。**每年至少徹底檢查一次信用卡消費明細，取消不必要的支出，將為你節省大筆資金。**

所得稅在美國培養出來的騙子比高爾夫球還多。

——美國幽默作家　威爾・羅傑斯（Will Rogers）

096 信用額度

借貸要有一份合約。要談好借貸條件，並把它寫進合約裡。

一位拉比曾說過：「借貸都是以愛開始，以仇恨和紛爭結束。」建議你和銀行商量好信用額度，以免在非常時期支付高額的利息。

這項簡單的步驟不僅可以為你省下很多錢，還使你免於浪費時間打電話和銀行爭執。**有錢人懂得巧用銀行的錢，也很注意提前和銀行協商好合適的信用額度。**

利息的滋生不需要雨水。

——猶太諺語

097 清償負債

要償還銀行帳戶上透支的款項，最好採取一年內分期付款的方式。

有些企業會在開始新投資或業務擴張之後出現銀行帳戶負債。為了給自己也給銀行減輕壓力，推薦你以貸款的方式清償負債，然後分十二期償還貸款。

如果負債達到十萬新謝克爾，你首先要做好心理準備。要告訴自己，從現在起，你的負債額會一點一點地減少，另外，銀行方面的問題已經得到解決，你只不過是變成了一個普通的貸款人。

很多男人累積財富，不過是便宜了妻子的下一任丈夫。

——猶太學者　伊本・蓋比魯勒（Ibn Gabirol）

098 損益平衡點

在房租增加、員工增多、物價上漲等狀況出現時，了解損益平衡點非常重要。

損益平衡點，就是你生意上的支出和收入相同時的那個點。從這時起，你的生意就開始賺錢了。

我碰過很多老闆，他們不懂損益平衡點是什麼，也不知道每天需要達到多少銷售額才能彌補各類開支。對會計師來說只需掐指一算，對於經營者來說卻至關重要。

如果缺乏這一項重要資料引導，你就只能依靠感覺來經營了。有些老闆甚至察覺不出自己已經瀕臨破產邊緣。**有錢人懂得時時刻刻關注這一項資料，他們知道唯有如此，才能完全掌控每樁生意。**

預見未來的最好方式就是創造未來。

——百事可樂前CEO　約翰．斯卡利（John Sculley）

099 節約帶來財富

節約將幫助你完成第一次資本累積，它在起步階段和後續階段都相當重要。

猶太人常說：「一分錢加一分錢，必將匯集成一筆鉅款。」節約會幫你累積第一筆財富。

你知道嗎，當你從銀行帳戶裡領錢時，使用自動取款機的手續費比較低；用信用卡購買商品，出現在帳單上的不過是一行消費記錄，而用其他方式付款不僅會增加消費記錄，還要支付額外費用；轉帳收取的費用很可能比支票轉讓要高出十倍。

你要學會在手續費高低的問題上討價還價，便宜一點是一點，這樣一來，經年累月後就會節省出一大筆錢。

設定信用額度，每週檢查銀行帳戶明細和手續費支出。開通網路銀行線上進行各項帳戶操作，也可以省下一筆不必要的費用。

省下來的錢比賺來的錢更值錢。

——猶太諺語

100 不要貪快

銀行的理財經理總會營造一種緊迫感，以便說服客戶立即採取行動，例如投資新儲蓄帳戶或是投資專案。

英國作家威廉·莎士比亞說：「匆忙趕路的人會在途中失足。」銀行很多項目的投資時程都在兩年以上，所以在決定投資之前，一定要多思考、多考察。

例如，對面的那家銀行會不會給你更優惠的條件呢？收益率會更高嗎？經過深思熟慮之後，你就能毫不猶豫地做出決定了。儲蓄是成功的基石。

匆忙總會致人犯錯。

——威靈頓公爵（Duke of Wellington）

101 營收和利潤的取捨

如果你正在做一筆生意，一定要明白的是：每筆生意能夠獲取多少百分比利潤並不重要，重要的是未來是否能一直按這個比例盈利。

有時候，有些商人總是固守一個利潤率數字，不願意聽取任何關於降低利潤率的建議。但有些情況下，降低一件商品價格很可能帶動更多的交易。

舉個例子，假如你銷售的產品成本價是五十新謝克爾，你定下的售價是七十新謝克爾，但銷售量很低。與其以七十新謝克爾的價格賣出四件產品，何不試試將售價降為六十新謝克爾，這樣就能賣出十件產品。

不僅如此，一旦交易量提高，光顧生意的新客人也會增加，他們還可能會選購其他產品呢。**淨利潤固然是至關重要的因素，但有時也得考量固定淨利潤之外的其他優勢。**

在交易中聽不到人的聲音，只能聽見錢的聲音。

——猶太作家　門德利

102 當心揮霍

有錢人都維持著略低於自己經濟能力的生活水準，從來不會過著超出能力範圍的生活。

猶太人常說，那些生活奢靡的人「年輕時候揮霍無度，老年時候變成乞丐」。毫無節制地賭博和揮霍無法維持長久，你會眼睜睜看著自己逐漸偏離目標，任由懊悔蠶食你的靈魂。哪怕你賺了一大筆錢，感覺從此揚眉吐氣，也要謹防過度揮霍，一定要先把事業的根基穩穩地打牢。

揮霍無度的人，其生活水準很快就會被侷限在自身能力以下。

——美國發明家　湯瑪斯・愛迪生

103 年年買基金

每年購買一項公積金或培訓基金，每次向其注入少量的資產。

購買公積金或培訓基金，每個月花不了你銀行帳戶裡多少錢，但數年之後將為你累積一筆可觀的財富。就算你無法按月注入資金，也不要徹底拒絕購買基金。有經驗的投資者就十分看重自己購買這兩項基金的經驗。

如果每年都往基金裡存錢，六年之後你投入的資金就能夠贖回；如果每年向公積金存錢，每隔十五年就可以提領一次。這樣在第六年或第十五年時，你的資金在享受了國家針對這幾項基金豁免的低稅率以後，還可以重新拿來投資在其他地方❽。

有經驗的投資者還懂得察看各種基金和公積金的年報表，然後根據此資金轉投給長期效益好的公司。從每年公布的這些報表中，可以看出財力最為強盛的公司可能比其他公司的收益高出數倍。

❽這裡指的是以色列的投資狀況，並不一定適用於台灣。

四

投資篇

猶太人有這樣一句話：

「去除一個人心中的情緒，比改變他的看法還難。」

猶太裔荷蘭哲學家巴魯赫．斯賓諾莎曾說：

「當一個人陷入情感爭奪戰，他就不再是自己的主人了。」

為了減低情緒的影響，成為一名專業的投資者，

你首先必須要了解你自己，了解自己的性格。

104 應用於市場的心理學

作為一個長時間觀察各類投資者的人，我可以說，個人投資者的一大弱點就是過於誇大自己在股市中的能力。

在各大網站論壇裡都可以看到，業餘投資者在股市行情看俏時往往表現過分自信，想要獲得比別人更高收益，甚至成為獲利最高的那一個。

在股市景氣的年頭，證券投資信託基金的收益率高達五〇％，個人投資者根本未經過考慮，就將全部資金押在高風險股票上，還認為自己是成功的投資者。

但經過二十幾年的投資生涯後，這些人終於弄明白：那些穩重的專業投資者所採用的長期投資績優股做法才是對的，而所謂「成功」投資者的投資方式其實極其危險、業餘和自大，最終只會招致損失。

如果你經常逛網路投資論壇，很可能會發現剛才說的那類投資者。他們通常受情緒驅動，妄想掌控市場，卻明顯忽視了股市遊戲規則。其中一條重要原則就是必須認識——股市不是賭場。

如果想從「業餘」投資者變成「專業」投資者，關鍵重點是千萬不能意氣用事。真正富

有的投資者都知道，在交易中情緒波動起伏，正是對克制力和意志力進行漫長而艱苦的自我訓練過程。弱化情緒和實事求是的訓練過程可能較耗時，但卻可以讓你在股票投資上取得佳績，贏得收益。

為了排除交易時的情緒干擾，首先應該先認識和了解每一種情緒，看看它們是如何在交易過程中影響了大眾投資者。

接收別人的好建議，不如提升自己的能力。

——德國作家　歌德

105 吃一虧，長一智

當你在股市裡或生意上賠錢的時候，千萬記得——吃一虧長一智。

德國詩人海因里希・海涅曾經說過：「經驗是一所好學校，但是學費不菲。」

投資股市和經商雖然賺得多，但也有賠錢的時候。富人們的損失實際上是為經驗教訓繳交學費。**分析當下的損失並學會如何避免重蹈覆轍，能使他們在將來的日子裡賺得更多**。相反的是，也有很多人因為重複犯同一個錯誤而不斷損失，因此距離財富也就愈來愈遠了。

做蠢事的兩種方式：相信錯的和拒絕相信對的。

——丹麥哲學家　齊克果（Kierkegaard）

106 別讓罪惡感動搖你

無論股市行情看漲還是看跌，罪惡感都會跟隨著投資者。

猶太詩人和思想家金斯伯格曾說：「除去一個人心中情緒，比改變他的看法還難。」當股市看跌時，初級或中級投資者很可能會產生罪惡感，怪自己沒有及時拋售股票、獲得收益。如果虧損嚴重，這種罪惡感則更加強烈。當股市低迷時，某些投資者也會有罪惡感，後悔自己在股市投入大筆資金，有時甚至是全部積蓄，最終卻血本無歸。

而當行情看漲時，投資者的感受可能又會完全相反，他們會因為沒有在股市投入更多的錢或沒買到目前漲勢最好的股票而責怪自己。這些罪惡感會促使投資者依自己錯誤理解修正種種「錯誤」，但實際上卻使得他們的損失更大。

成功的富人們會丟掉這些罪惡感，按照提前定好的計畫行事，在各支股票上分配好投資金額，無論股價如何上漲，他們的投資架構不會改變。

狐狸責怪陷阱，卻不責怪自己。

——英國詩人　威廉·布萊克（William Blake）

107 絕望與股市

當購入的股票直線下跌時，投資者會被絕望和抑鬱情緒所支配。

拉比以茨列．薩蘭特曾說過：「沒有比絕望更嚴重的疾病了。」

當投資者僅僅把所謂的「竅門」作為購買股票的唯一依據和參考，他肯定經常陷入絕望情緒之中。股票下跌時，投資者的憂慮和悲觀情緒會將他們帶入絕望的境地，陷入停滯狀態，甚至不願去嘗試原本可以挽回的損失。此時，很多投資者會因自我保護而結束股票生涯。

然而，富人們的處理方式完全不同：為了避免落入這樣的悲慘境地，他們會在投資前仔細研究即將購買的股票。遇到股市崩盤，就算是可口可樂這類穩健型股票的股價也可能下跌，但那些富人們，作為經驗豐富的股市玩家，他們知道在兇猛的下跌浪潮過去之後，常年盈利的公司股價終會上升。

和初級投資者不同的是，專業投資者不會被絕望情緒支配，因為他們只依據事實和資料行事，而不會被情緒左右。要想擺脫絕望情緒，就得從理性分析和選擇股票做起。

絕望是傻瓜的結論。

——英國前首相　本傑明．迪斯雷利

108 希望與恐懼

因為期望某支股票大漲而購買錯誤，可能為投資者帶來嚴重損失。同樣地，由於對投資過程中的不測充滿恐懼，也會使投資者功敗垂成。

拉比摩西・伊本・以斯拉曾說過：「有時，恐懼會招致失敗。」

猶太復國之父希歐多爾・赫茨爾也曾說過：「其實什麼事情也沒有發生，既不像人們所擔心的那樣，也不像人們所希望的那樣。」

夾雜在決策過程中的恐懼和希望可能危及投資者的整個投資組合，當情緒過於強烈時，投資者無法用專業態度處理情況，因此很可能做出錯誤舉動。

經歷了幾天或幾周的股市下跌後，恐懼會促使投資者賣空手中所有股票。因為對未來過分憂慮而招致的損失，很可能比以賣出部分股票做為賭注帶來的損失更大。

另一方面，在股價上漲階段，過大的希望會讓投資者掏出所有錢購買股票，不過，這樣的舉動很快就會被證明是錯的。

我的精神常常像蘆葦一樣，在希望與恐懼之間來回搖晃。

——拉比 哈伊姆・盧紮托

109 影響投資者的其他情緒

可能對投資者產生影響的其他情緒還包括：奉獻、失望、憤怒、厭惡、沮喪、痛苦、悲傷、尷尬等等。

猶太裔荷蘭哲學家巴魯赫．斯賓諾莎曾經說過：「當一個人陷入情感爭奪戰，他就不再是自己的主人了。」為了減低情緒的影響，成為一名專業的投資者，你首先必須要了解你自己，了解自己的性格。

富人們知道，自己也是人，每個人都有不同的性格，在不同的情境下會有不同的處理方式。因此，他們認真分析自己，了解自己的主要性格是什麼，在熟悉情境下的行事方式，哪些情境下他們會得心應手，哪些是他們應該避免碰觸的「地雷區」。

認識自己的行事風格是減低可能被情緒影響的第一步。**完成這個過程之後，你就能學會在做決策時如何保持客觀和理性，排除無關的考慮，對投資方向進行純粹的分析和考量。**

你要實現的目標是考量各類投資產品以及股票的能力，不帶任何成見，沒有任何畏懼或妄想，以絕對客觀的態度行事。

就像你要去買一件電器，你必須蒐集、接受和過濾各種各樣資訊，這會幫助你更妥善地做出決定——是否要投資，應該投資什麼。注重事實而非觀點。忠於自己的觀點，不要盲目聽從他人意見，因為他們了解的可能不如你多。**相信你的直覺，自己做決定，依據事實而非情緒做決定。**

感性的人給每件事物都賦予了誇張的價值，卻不知道它的價格。

——愛爾蘭作家　奧斯卡·王爾德（Oscar Wilde）

110 別找藉口，做好功課

在組建或變更自己的投資組合之前，你要借用勤奮學生的祕訣——做好功課。

「經驗能讓你用更少的時間和精力，但卻獲得更多。」猶太裔美國投機大師伯納德・巴魯克（Bernard Baruch）說。這個道理同樣適用於股市。股市盈利並非偶然或者運氣，而是經過深度考察後做出投資決定的成果。

有錢人知道，投資前，一定要仔細研究這家公司。他們會考察這家公司的競爭優勢是什麼，有哪些競爭對手，採取哪種經營模式，有怎樣的發展歷史，公司老闆是誰，以及未來的預期如何。

只有在考察完這些之後，才能確定這家公司是否有投資價值，他們才會決定是否購買這支股票，而非像大多數投資者那樣，僅憑傳言或是膚淺的觀察決定。

經驗需要慢慢累積，並以不斷犯錯為代價。

——猶太裔奧地利精神分析學家 西格蒙德・佛洛伊德

111 投資與收益的比例

很多股市投資者都想快速致富，結果卻是快速賠錢。

拉比以利亞・維爾納常說：「依靠耐心比依靠進取心更能使人實現願望。」猶太富翁們明白，不能指望靠小規模投資賺取巨大回報，投資規模和收益直接相關。

很多投資者總是忽視這個祕密，他們妄想以微小的投資獲取高額收益。這樣的欲望促使這些投資者們選擇風險較大的期權和期貨，或者是波動幅度大、發行公司名不見經傳的股票進行投資。

當有錢人們選擇長期投資，目睹自己的資產持續增長時，初級投資者們仍在不同的股票之間買進賣出，投資產品一個比一個差勁，他們未能使資產慢慢增長，反而迅速輸掉全部家當，身無分文。

要知道，想依靠小額投資換取巨大利潤是不可能的，任何事情都有一定的比例和匹配標準，**只要長期投資收益和存款讓資產總額處於持續增長的狀態，最終獲得的利潤也將增加。**

你必汗流滿面才能糊口。

——《聖經・創世記》

112 直接面對恐懼

只有一件事情會阻止你夢想成真，那就是畏懼失敗。

猶太人常說：「擔心鳥會破壞莊稼的人，連種子也不播。」

投資成功者的祕訣是戰勝恐懼和憂慮。恐懼和憂慮時時刻刻伴隨著投資者，要學會適應並戰勝它們，在投資時排除它們的干擾。這裡說的並不是要你像神風特攻隊隊員一樣連生死都不顧，即使是一直保持理性決策的投資者，在遇到股市下跌或崩盤時也會有一種世界末日到來的感覺。

在九一一世貿中心遇襲之後能夠戰勝恐懼的投資者們，還有在眾人都拋售時敢於買入股票的投資者們，都得到了百分之幾十的收益回報。當股票投資者處於過度擔憂的精神狀態中，他們會變得特別敏感和疲憊。這樣的投資者一刻也無法享受內心的平靜，無法集中注意力，連睡覺都不踏實。

這種狀況會導致投資者與周圍的人甚至和自己無法相處，這樣很可能使他遭受重大損失，並且進一步助長恐懼不安的情緒。

為了應對這樣的危險狀況，你要學會在進入股市時先對風險做出評估。你得清楚哪些風

險是你能夠承受的，哪些是你要盡量規避的，以此為據進行投資。

在評估風險時，你必須提前看清自己的投資趨勢，哪些風險你完全不必擔心。舉個例子，有位投資者投資了一支具有一定風險的股票，但他知道這支股票所屬的上市公司是一家老牌企業，儘管這支股票的收益率在一段時間內可能有所降低，但這種程度的跌幅不足為慮，就算外界說這支股票看跌，也不足以對整家公司的財務狀況和經濟能力產生影響，因此投資者期待它在短期內升值也有道理。

當恐懼潛入你的認知，記得提醒自己，你不是一個人在戰鬥，這是每一位股民都在經歷的事。以積極的心態面對害怕和恐懼，是普通投資者成為職業投資者的重要步驟。

要做到這一點，必要的股市交易經驗、強大的人格和自律的品質都是不可或缺的。要想戰勝恐懼，最大的祕訣就是了解，股市的投資不能佔用你的全部資產，這樣即便在股市遭遇重大打擊，你仍然能夠繼續維持正常生活水準。

試想一下，我們擁有總額十萬新謝克爾的投資組合，理智的投資者不會將超過三〇%的資金投進股市裡，他最多會花三萬新謝克爾購買股票。假設這筆錢均勻分散在股票市場，那麼當他遭遇崩盤等重大損失，致使股價直降五〇%，此時他損失的資金也只有一萬五千新謝克爾，不過是總額的十五%而已。

經由這樣的分析，你能看出憂慮和擔心沒道理，只要你能提前理智地構建投資組合。固然你的投資組合賠了一萬五千新謝克爾，但這種程度的風險在意料之中，這在你踏入股市之前就應做好心理準備。

當你感到恐懼或者無法承受，那就努力地減少這種情緒，和它鬥爭。別忘了，你曾有過多少次不詳的預感，但真正應驗的又有幾次呢？

當一扇門在你面前關閉，另一扇門正為你打開。

——德國作家　海因里希·伯爾（Heinrich Böll）

113 投資股票不只是興趣

股市是消磨你的空閒、時間相當昂貴的娛樂場所。

猶太裔德國作家貝特霍爾德．奧爾巴赫（Berthold Auerbach）說：「遊走在不同行業之間的人，終將毀掉自己。」和別的行業一樣，炒股也要做到專業水準。股市交易絕不只是一個興趣、愛好，要好好了解這個市場。

如果你以專業態度進行股市交易，你就能獲得豐厚的回報。有錢人深知這一點，即使他們沒有時間親自研究股市行情，也會把資金委託給專業的投資顧問來處理。做到這一點，你也可以賺得更多。

如果對待自己的工作能像對待投資的藝術品一樣認真，那麼這件作品一定能賣個好價錢。

——本書作者　史威加．貝爾格曼

114

先設好你的投資規則

你必須遵循的第一條規則就是根據你指定的規則行事。

什瑪爾雅戶．萊文說：「古老的法則比古老的城堡還保存得更久。」在你投資股市之前，**先定出一系列規則，比如「股票占整個投資組合的比重是多少」，或者「不要再投入資金到一項失敗的投資中」**。

不要在沒有深入思考之下隨意違背這些規則。這些規則會在股市動盪時、在你迷失方向時保護你。

如果一個投資者沒有投資規則，而且隨意做決定，那麼即使他賺了錢，也是偶然賺來的。為自己制定一套規則，並且認真遵守，這套規則一定會在困難時刻保護你。

先思考，再行動。

——猶太先賢

115 入睡點

決策過程中很重要的一步就是保持頭腦冷靜和心態平和。

當投資者處的地位過高或過於危險時，他面臨的境況將會進一步惡化，他將進入惶恐焦慮的狀態，以至於晚上難以入眠。拉比摩西．伊本．以斯拉曾說過：「精神財產比物質財產更美好。」他知道，如果精神上無法平靜，錢財就不會到來，還會步步犯錯。

有時候，投資者未經思考就突然購入大量股票。如此大數目的股票會打破投資者的冷靜與平和。日常生活會被憂慮困擾，客觀判斷能力也會打折扣。**當投資者出現這樣的行為特徵，他就必須減持手中股票，直到他能夠輕鬆進入「入睡點」，也就是說，到了晚上就能躺下入睡，不必擔心股市的消極事態。**

投資股市時，衡量投入金額是否合適的標準就是——即使發生股災，也不會影響你的正常生活。投資額度的上限隨投資者的情況而變化，要與投資者擁有的資產額相匹配。正確選擇投資額可以幫你排除情緒干擾，正如我之前解釋過的，這是股票投資成功的必要過程。

肚子填飽了，靈魂卻是饑餓的，這是很致命的。

——猶太作家　薩謬爾．阿格農

116 抓住機會

如果你留心觀察，會發現資本市場的一個規律循環，那就是在經歷一段時間的下跌浪潮過後，市場會進入風暴之後的平靜。

英國前首相本傑明・迪斯雷利說過：「我們人生中頭等重要的事是懂得抓住機會，第二重要的事是懂得放棄機會。」

的確，當股市下跌後歸於平靜，資本獵手們抓住時機，慢慢買入一些受市場連累的大型、穩定、效益良好的公司股票。這樣的交易既沒有壓力，而且價格低廉，股價也不會隨著股市指數的上升而驟增驟降。然後，他們便耐心等待市場的重新復甦。

有錢人知道，在資本市場盈利的時刻不是賣出時，而是買入時，所以，他們會在股市大跌之後用大筆資金買入大量股票。

當人想要殺老虎時，就說這是體育。當老虎想要殺人時，就會說這是殘忍。

——愛爾蘭劇作家　喬治・蕭伯納

117 留時間追蹤投資組合

投資股市需要你密切追蹤投資的股票及其發行公司。

猶大・阿紮羅夫說：「不是人類在消費時間，而是時間在消費人類。」如果你沒時間去持續跟蹤，那就將資金交給投資組合經理人幫你打理。要投資股市，卻又無法對投資後續追蹤，這就好比將嬰兒推車留在陡坡上不管一樣。

現在很多網站都提供一些簡單易學的應用工具，用來追蹤投資組合。那些沒時間管理自己投資的人，將會遭受損失。

要花時間去賺錢，也要花時間去管理自己賺到的錢。

——本書作者　史威加・貝爾格曼

118 排除情緒干擾

資深專業投資者懂得在投資股市時排除情緒的干擾。

奧地利心理學家阿爾弗雷德・阿德勒（Alfred Adler）說：「情緒過激是自卑的表現。」排除情緒干擾對於每一個投資者來說是一個十分重要的過程。如果你僅僅依靠自己的感性去投資，那麼只要股票跌了五％，你就會拋售；只要漲了五％，你又會重新買入。

排除情緒干擾是一個漫長而枯燥的過程，但會讓投資者變得更加專業。靠情緒來做決定的投資者，永遠不可能致富。

想法跟隨情緒而走，就像瘸了的腿跟著完好無缺的腿走一樣。

——猶太作家　亞倫・卡維（Aaron Kawe）

119 把握時機

時機的重要性不言而喻。對市場的長期觀察可以提高自己把握時機的敏感度。

每天花點時間研究市場表現，持續記錄在大選、節日、特殊月份時市場的表現如何，分析公司和銀行的財務報告如何影響市場表現等等。透過這種方式，你可以提高自己預測市場動向的能力。

時間是最好的顧問。

——雅典政治家　伯里克利（Pericles）

120 戰勝貪婪

職業投資者懂得戰勝貪婪，讓你的利潤最大化。

葛森・羅森茨維格說：「生命如油，人如線，欲望如火。」與貪婪的鬥爭是投資者最難打的一場仗，只有回頭看的時候才會知道自己是否打贏。

很多投資者選擇賣掉還在繼續上漲的股票，因為他們知道，如果堅持不出手，股價就會開始下跌了。

常常將股市獲得的回報和銀行賺到的利息進行比較，你就能得出獲利和損失的比例。

抱著短時間內賺大錢的想法進入股市的投資者，最終會因為自己的魯莽而吃苦頭。

——本書作者　史威加・貝爾格曼

121 資本市場裡的愛恨情仇

努力避免對某股票或某公司產生迷戀或仇恨的感情。要以專業、冷靜的態度面對。

拉比摩西・伊本・以斯拉說：「愛矇住雙眼看不到缺點，恨矇住雙眼看不到優點。」感情是獨立系統，與資本市場並不相容。**任何一個增持或者減持的想法，如果不是基於單純的經濟考慮，最終都會為你帶來損失。**一定要將股票當做需要低買高賣的商品來對待，僅此而已。

如果因為購買某家公司的股票而蒙受損失，從此就對這家公司產生仇恨感，這樣做對你不會有任何好處。這就好比你出了車禍，卻怪罪你的汽車一樣。

如果你想要雲上的彩虹，就必須忍受下雨。——美國鄉村音樂歌手　多莉・帕頓（Dolly Parton）

122 削減損失

要懂得感謝你曾經犯過的錯誤。如果某項投資正顯露頹勢，要削減損失。

阿爾伯特・愛因斯坦說：「瘋狂就是重複做同一件事，每次都期待不一樣的結果。」投資者一定都投資過正在賠錢的產品，卻期待它的收益。與賠掉五〇％相比，賠掉二〇％已經算不錯了。不去做就不會犯錯。所以，不管是業餘投資者還是專業投資者，兩者進行股市交易時也會犯錯。

首先，我們已經提過要從失誤中吸取教訓，以免重蹈覆轍，但是除了在故事裡學到的經驗之外，還要感謝曾經犯過的錯誤，它讓我們能夠削減由同一個錯誤帶來的損失。

恐懼是因為預期壞的結果而產生的痛苦。

——古希臘哲學家　亞里斯多德

123 限制風險

事先確定能承擔的風險，並了解：當一部分投資金額付諸東流時，你是否能承受壓力。

猶大．伊本．提翁說：「別做一隻看到糧食卻沒看到網子的雞。」我們做的每一件事都有風險。你必須要了解風險是什麼，以及自己能否承擔。

有錢人會動用他們輸得起的資產投資高風險產品。你也需要量力而為，在進行風險投資時投入適當比例的資產，不要隨波逐流。

仰望星空時，雙腳要踏在大地上。——美國前總統　希歐多爾．羅斯福（Theodore Roosevelt）

124 了解為何買進

要清楚你為什麼買進某支股票，這樣你才知道什麼時候應該賣掉它。

如果你了解了購買一支股票的原因，也就知道了什麼時候應該賣掉它。在拋售股票之前，先問問自己：「我購買這個股票的動機改變了嗎？」如果回答是肯定的，那麼你就可以賣出了；但如果回答是否定的，那就要確定一下是否因為不當的理由想賣掉。

許多投資者依靠情緒和道聽塗說決定購買或拋售股票，這樣做的後果是讓銀行賺了錢，自己卻沒賺到錢。

我學會了不去嘲笑、批評和哀嘆，而是去了解人類活動。

——猶太裔荷蘭哲學家　巴魯赫．斯賓諾莎

125 等待投資成熟

有時，一項投資需要夠長的時間才會成熟。

拉比摩西·伊本·以斯拉說：「堅持敲門的人，才能成功進門。」股神華倫·巴菲特在一九六五年以每股十二美元的價格買入了波克夏公司的股票。到了一九九五年，該公司的股票已經飆升到二萬五千美元（是的，你沒有看錯）。

投資者們往往需要經歷很長一段時間才能明白：耐心不負有心人。不要在獲利之前就半途而廢。這就好比一個農夫種下小麥，卻在剛剛發芽的時候鏟斷新芽，改種其他作物。往後的日子裡，他一定會訝異自己的穀倉和銀行帳戶為何都是空的。

想法是轉變成物質狀態的資訊。

——英國演員　羅溫·艾金森（Rowan Atkinson）

126 長期投資

在長期投資的考察中，投資股票是最賺錢的。

如果考察未來十年甚至二十年的股票指數，你會發現這類投資的收益率高於其他金融投資產品。既然如此，為什麼還是有很多投資者一次又一次地在股市裡栽跟斗呢？

原因在於缺乏耐心和運作過度，這都經過事實證明。如果有人在十年或者十二年前購買了績優股，現在仍未賣掉，那麼即使受到股市下跌影響，他獲得的收益也是巨大的（當然，條件是要購買大規模、效益好的上市公司股票）。

如果你拒絕害怕，那麼任何事都嚇不倒你。

——印度聖雄　甘地（Gandhi）

127 新聞的影響力

如果你一天內聽一段新聞聽上十遍，你就沒法變聰明了。

「所謂天才，不過是具備了感知和預見十年之後會發生什麼的能力。」澤夫・雅博廷斯基這句充滿智慧的句子同樣適用於商界。

新聞事件不止一次地影響股市指數，但通常影響時間都不長。我建議大家把這些事件和它們對於股市指數的影響都記錄下來，這份記錄可以幫助你在未來做出正確的舉動。

追蹤調查資本市場在經歷過襲擊、大選、罷工之後的情況，你會發現這些影響都是短期的。重要關鍵就是不要隨波逐流，把股票統統賣掉。

資本市場只對有恆心的人展現慷慨。

——本書作者　史威加・貝爾格曼

128 利益相關者

透過報紙和網站對持股利益相關者的動態進行追蹤，你會發現很多有意思的事。

股市利益相關者無論是增持或是減持自己公司發行的股票，都有他們的原因。有時，這些原因與股票發行公司的狀況表現無關，但在某些狀況下，利益相關者的舉動很可能暗示一些有意思的發展變化趨勢。一定要注意觀察。

你能夠用錢買到的唯一真正的朋友就是狗！

——美國小說家　馬克·吐溫

129 珍貴的內部消息

祕密，在你確認它的正確性以後就是一筆珍貴的財富。

拉比所羅門・伊本・蓋比魯勒說：「耐心給人平和，匆忙給人遺憾。」人人都想得到「內部機密」消息，但你一定要給自己設定一條原則：當你獲得了一條機密資訊，別急著買股票，先趕緊確認它的真偽。

機密資訊容易點燃投資者的想像力，使一些投資者在對一支股票的性質、發行時間、競爭者、升值理由等一無所知的情況下貿然投資，這樣的狀況真是讓人驚訝。

如果你得到了關於股票的「內部機密」消息，先等一等，追蹤這條消息，要是它真的是個特別好的消息，過一周之後它依然如此。

比起因為倉促投資而賠掉所有本金來說，猶太人他們寧願在一支升值的股票上少賺幾個百分點。

所有倉促進行的計畫，都是愚蠢的。

——拉比　拉什（Shlomo）

130 可交易性很重要

可交易性較低的股票有可能是個美麗的陷阱。

要吸取過去和別人的教訓。拉比摩西・伊本・蓋比魯勒說過：「時間是最有耐心的教育者。」**作為資本市場投資者，多年來我明白了一件事，就是不要投資可交易性過低的股票。這種股票可能很容易入手，但往往最難出手。**

你應該將資金用於購買總交易量夠大，以至於你這筆投資顯得微不足道的股票。

金錢說明一切，這是經濟不景氣時唯一值得你傾聽的對話。

——美國演員　弗雷德・艾倫（Fred Allen）

131 在傳言時買入，在事實時賣出

資深的股市投資者有一句座右銘：「在傳言時買入，在事實時賣出。」

這句話的意思是，當有傳言稱某公司的效益將增加時，就應該買入這家公司的股票；而當官方消息發布之後，就是該賣出的時候了。

時常逛一逛經濟類的網路論壇，有助於即時獲取相關傳聞，但在此同時，你也要證實這些傳言的可靠性。

「不可能」這個詞從不存在於我的字典裡，它只存在於傻瓜的字典裡。

——法國軍事家　拿破崙．波拿巴（Napoleon Bonaparte）

132 好公司不等於優質股票

好的上市公司和優質股票之間有所區別。

有時，一家上市公司就算經營良好，其股價也照樣會失去升值空間。有時，優秀上市公司的股票還會打折出售。

在新入市的投資者眼裡，這些現象簡直是「不合邏輯」。有些公司的市值僅僅是其現金資產的一半，也有的正好相反，市值是其資產的兩倍。

這種差距要花很長的時間才能實現平衡。

拍賣師在一錘定音時，可以透過口才敲客戶竹槓。

——美國記者　安柏羅斯．比爾斯（Ambrose Bierce）

133 信譽是買股的評估重點

在股市裡，信譽度有著重大的意義。

在選擇股票的時候，要查看這家上市公司的管理者是誰，公司的歷史業績如何，以及過去對它的預測與實際表現是否一致。**如果管理者有過不良信譽記錄，就不可能領導出一個好公司，也不能贏得投資者的信任。**當你在衡量某支股票是否值得購買時，要利用網站的搜索功能獲得這家公司的相關資訊。

對一分錢誠實的人，可以相信他對一美元也會誠實。

——耶胡達・萊布阿紮羅夫（Judah Leib Lazarov）

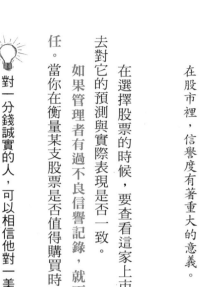

134 只買五美元以上的股票

以我多年的觀察看來，股價在五美元以內的股票，其貶值為零的可能性比升值為十美元的可能性更大。

美國各大基金都會等到股票的股價突破五美元大關之後再購買。所以，我們也應該在買股前看看它是否越過這個門檻，如果股價真的維持在五美元以上，那麼這支股票很可能會因為各個基金對其增持而呈現增長勢頭。

永遠別說自己時間不夠，你跟海倫．凱勒、米開朗基羅、德蕾莎修女、達文西和愛因斯坦一樣，一天都是二十四小時。

——無名氏

135 猶太人特別重視警示紅燈

猶太商人對一切與預警信號有關的東西都保持高度警惕。

每一次重大損失之前都會有一系列的預警信號。不要等到救援隊把你從沉船中撈起來，要在警示剛出現時就想辦法逃離。

投資股市時，你要關注這家公司財務長的言論和表態，關注報紙曝光的和公司有關的糾紛案，關注有關公司遇到困難的報導，學會在股市海嘯來臨之前全身而退。

只有在危難時分，我們才知道人的能力是無限的。

——猶太裔德國政治家　斐迪南・拉薩爾（Ferdinand Lassalle）

136 選擇正確才能賺錢

只有當你的選擇正確時，你銀行帳戶裡的錢才會增加。

藉口沒有任何幫助。

不管你在挑選股票時投入了多少精力，你要記住，只有當你選擇正確，找到機會下手時，才能從股市中獲得回報。

不過，除了跟蹤股票的動向，找對時機下手之外，也不能忘記，僅靠這些還不足以賺到錢，**基於確切的資料進行長期而合理的投資，才是致富良方**。

正義只有一種形式，不公平卻有多種形式。——拉比 摩西·伊本·以斯拉（Moses ibn Ezra）

137 相信直覺

人為因素一直都是股市投資中最重要的因素。

拉比以茨列說過：「商人習慣先給買家一些免費的好處，藉此吸引他們以高價購買商品。這是因為買家被自己的本能驅使所致。」

投資者應該學著戰勝自己的本能。關於股市的電腦軟體很多，用於分析技術、系統和圖表等，售價常常高達數百甚至數千美元。

但你要知道，僅憑這些軟體沒辦法買到最好的股票。你必須要訓練自己敏銳的直覺，持續關注不斷變化的資訊。對於各種技術、系統和圖表分析軟體，你可以將它們當做效果出色的背景，千萬不可視為整個投資的救世主。

富有的投資者都知道，在投資中唯一重要的東西是你自己和你所累積的經驗。

所有人都想獲得真理，但極少人願意為之付出代價。

——古羅馬詩人　尤維納利斯（Juvenal）

138 別被日常波動影響

股票其實是一種資產，在每天的交易過程中，難免會發生一些波動。

不要讓這些日常波動對你產生影響。當你的公司業務下滑時，股價也會在一天之內下跌，但成功是靠日積月累獲得的。試想一下當你的公寓在房地產股市掛牌出售，每天同一時間刷新價格的時候，你會有什麼感覺、什麼想法？又將採取什麼行動呢？

一個可以立即執行的計畫，好過一個下星期才能出爐的完美方案。

——美國將軍　喬治．巴頓（George Patton）

139 經濟價值是基礎

有經驗的投資者不會因為某支股票便宜就購買，比如過去價值六百點的股票現在降到了三百八十點。

英國作家查爾斯・狄更斯（Charles Dickens）說過：「我所要求的只是事實，這是生命中唯一需要的。」

我也要告訴那些向我諮詢如何創業或購買股票的人：創業或購買股票必須完全基於公司的經濟價值，單純根據印象購買股票，或者僅憑過去幾天的良好態勢就採取行動，都有可能為投資者帶來經濟損失。

富人懂得，金錢的價值會隨著時間改變，所以他們做過經濟考量之後再進行投資。

事實是神聖的，解釋是隨意的。

——英國詩人　沃爾特・科特（Walter Scott）

140 股市無捷徑

資料顯示，現在的股票交易商，同時也是業餘期權期貨交易投資者，他們占了整個股市投資者的九〇%以上。而這些人都在賠錢，資金最終流入了少數專業投資者的帳戶。

亞歷山大・發克里斯說過：「短期的挫折有時意味著長期的勝利。」要想取勝，你就得學習。如果你不熟悉期權期貨這類交易，那就離它們遠一點。

很多投資者被這一類的金融工具吸引，以為自己找到了通往財富的捷徑。但往往事後才發現，這些投資管道對於他們來說反而是損失財富的途徑。金融衍生工具這種投資方式會提高新手投資者的腎上腺素水準，讓他們自以為已經看透門道，殊不知自己早已陷入身無分文的風險之中。

一個投資公司經理曾經告訴我，一個價值五萬新謝克爾的期權市場投資組合所花的佣金，足夠組建一個價值一百萬新謝克爾的股市投資組合了。據他所說，問題在於期權交易商在賠光了所有的錢之後，便會隨即消失得無影無蹤。

勝利屬於堅持不懈的人。

——法國軍事家　拿破崙・波拿巴

141 信使無罪

永遠不要怪罪為你報信的人。如果你在沒有考證的狀況下就接受了某個投資建議，然後賠了錢，你不能責怪給你建議的那個人，要怪只能怪自己。

各類投資者都希望借助他人之力來完成自己的事業，這樣就可以坐享其成。與之相反，**富人們依靠的卻是自己。他們喜歡蒐集各種資訊，歡迎各種建議和小道消息，但他們會深入調查這些資訊是否正確。**

調查工作不能馬虎了事，在每次投資之前都要仔細考量各種建議。

我們的錯誤有一半來自於應該思考時，卻讓情感占了上風；而應該感受時，理智又占了上風。

——美國詩人　比利．柯林斯（Billy Collins）

142 長期投資

與公積金一樣，股市投資也需要長達二十年的運作。

猶太人知道，賺錢需要耐心，資料顯示，長期投資股市是最值得做的一項投資。根據自己的經濟能力，每月購買一定數額的證券投資信託基金，就能在較長一段時間裡持續累積收益。如果你想輕輕鬆鬆賺大錢，這就是最簡單又最巧妙的辦法。沒有任何一種投資管道比長期投資股市更有效，**眾多美國投資大亨採用的神奇方法就是購買大型有實力的上市公司的股票，並且長期持有。**

如果你投資了一定數額的這類基金，年收益率為十一%，那麼二十年後這筆錢將會增長八倍，也就是說，若你當初投資了十萬新謝克爾，二十年之後你將得到八十萬新謝克爾。

不要進行短期股票投資，有錢人懂得，短期內股價上漲和下跌都難以預測，所以不能靠全線投資短期股票賺錢，而應該選擇長期投資。

銀行家是在晴天裡借給你雨傘，卻要你在下雨時歸還的人。

——美國小說家　馬克·吐溫

五

創業篇

隨著客戶數量的增加，利潤也會增長，
因為人事費、租金、電費和稅費保持不變，
所以每增加一個新客戶，就增加了一筆淨收入。
因此，要不惜一切地
將新客戶從城市的各個角落吸引到你這裡來。

143 失之亦我幸

有時候，求之而不得也是一種幸運。

有一則古老的猶太諺語：「不幸也是一種運氣。」對大多數人來說，這種想法比較新鮮。回想過去，你也許會記起曾對自己說過「幸虧我沒做那筆生意」，或者「還好那人不是我的客戶」類似的話，確實如此，**幸運往往會以另一種方式降臨到你頭上，甚至可能是相反的方式。**

有時，你非常渴望得到某一樣東西，卻和它失之交臂。例如，你很想認識一位美女，或者你想和某個帥哥聯繫，但對方卻對你不感興趣。你會因此感覺失落，甚至會覺得難受，但是多年以後，你很可能會發現，當初沒能達成願望的事實，反倒救了我們。

例如，當天災人禍發生時，人們會為自己錯過那班公車、那趟飛機或火車感到無比幸運。猶太作家薩繆爾·阿格農曾說：「每個人的運氣在他出生時就已經注定了。」

猶太人相信每個人都有自己的命運，能得到什麼，得不到什麼。所以，如果某件事情無法實現，或者不能按照你的想法發生，也許這就是你的命。

如果一個人沒有好運氣，擁有智慧也是徒勞。

——猶太作家　門德利

144 完美的第一印象

一定要給人一個良好的第一印象，因為你沒有第二次機會。

拉比撒母耳說：「不要太甜蜜，以免招人妒忌；不要太苦痛，免得招人噁心。」對人的第一印象通常建立在外表上，例如在開嘴說話前、衣著、站姿、面部表情。研究顯示，在見面後二十秒的時間裡，站在你面前的人就能判斷出你是什麼樣的人。笑容、肢體語言和得體的穿著絕對會為你加分。

當你的生意接受別人考察時，第一印象也是以同樣的速度和同樣的方式形成。如果你的生意合法有序，具備專業性和誠信度，那麼營造出來的第一印象將是積極、正面；然而，如果你的生意混亂無序，服務極差，那麼你就得花大量的時間改變負面印象。

有時，因為第一印象造成的嚴重損失，可能讓你投入大量的精力和財力彌補。

不要自己誇自己，要讓別人來誇你。

——《聖經·箴言》

145 資訊的力量

資訊是一種力量，要定期透過報紙、網路、雜誌和電視等管道獲取資訊。學會蒐集關鍵資訊，過濾無用的資訊。

拉比摩西．伊本．以斯拉說過：「如果不忍受學習的負擔，就得承擔無知的後果。」有錢人擁有的強大力量就是掌握資訊。他們的資訊來源廣泛而多樣，為了獲得這些資訊，他們付出了相當多的努力。

掌握資訊可以讓你在房地產生意上大顯身手，告訴你哪一樁生意能以更好的價格談成，幫助你了解你的競爭對手，教給你一些新的見解。要竭盡全力、無時無刻地投入時間和金錢去蒐集資訊。

有時，一則資訊能讓你變成富翁。當然，你一定要去尋找一位最好的老師，阿爾伯特．愛因斯坦曾說：「老師的最高境界是讓學生的喜悅溢於言表，並讓這種喜悅充滿創造力。」

不懈二十年，功成一夜間。

——美國喜劇演員　安迪．坎特（Eddie Cantor）

146 只有工作才能帶來成功

只有在字典裡，才有可能讓「成功」這個詞出現在「工作」之前。猶太裔英國髮型設計大師維達．沙宣（Vidal Sassoon）說：「努力工作，不要退縮，因為這是通往成功的重要途徑。」

《聖經．箴言》裡寫道：「辛勤耕作者，才能得食。」當你看到富人們開著豪車，穿名牌，享受生活時，他們通常已經過了多年奮鬥。為了獲得事業上的成功，你需要投入數年時間和勇氣去工作和思考，也得經歷長時期的風險。只有經過了這些，成功才會降臨。

走捷徑和迅速致富的想法最終會把你打回原點。出發吧，去戰勝困難，做好經歷數年工作和投資的心理準備，最終你也會富有起來。

成功不是絕對的，失敗也不是最後的結果，繼續下去的勇氣才是起決定性作用的。

——英國前首相　溫斯頓．邱吉爾

147 組建無往不勝的團隊

不要忽視一個團隊的能力和效率。不同成員的年薪可能有幾千新謝克爾之差，但他們的產出卻可能是數萬甚至數十萬新謝克爾的差距。

阿爾伯特．愛因斯坦曾說過：「一個人的價值並不透過單一個體的形式顯現，而是透過團體中的其中一員顯現。」

你身邊是否有一個能力出眾的團隊，是決定你成功與否的重要因素。看看店裡的業務，你能看出他們之間的差別嗎？有些人的表現可以用自動販賣機形容，因為他們除了被動回應顧客的需求之外，完全不知道如何推銷產品，增加銷售量。

然而，有的人就懂得主動迎合顧客，不僅賣出幾千新謝克爾的商品，還讓買家覺得這是自己一生中最划算的一筆交易。

這種狀況在各個行業裡都會發生：雖然一位資深律師的薪水比普通律師要高出幾千新謝克爾，但他卻可以為客戶省下幾萬甚至幾十萬新謝克爾的資金。

一位出色會計的薪水比普通會計只多出幾百新謝克爾，但他卻能為客戶省下幾萬甚至幾十萬新謝克爾的稅金。

實際上，不管是在出版界、市場行銷界還是傳媒界，各個領域都存在著同樣的情況。這就是為什麼富人們都聘用最出色的菁英，這是因為他們希望收穫最好的成果。

記住！在任何領域，你多付的幾千新謝克爾就是投資，這項投資會給你更大的回報。這樣你就賺了。以色列商業大亨伊札克・特蘇瓦（Yitzhak Tshuva）曾說過，選擇出色的員工是他的成功祕訣。

當別人告訴你，他已經透過努力工作致富，那一定要問他：誰的努力工作？

——美國作家　唐・馬奎斯（Don Marquis）

148 排除決策時的情緒干擾

別把情緒和生意混在一起。在進行商業決策時，關鍵重點就是要學會排除情緒的干擾，不要讓恐懼、憤怒、希望和絕望情緒影響你做決定。

猶太智者伊紮克．佈雷耶曾說過：「情感是沒有智力，智力是沒有情感。」在生氣時做出的決定通常都是錯誤的決定。當對某人或某事充滿憤怒時，通常會先滿足自己報復的欲望，所以最好避免在這時做任何決定，特別是生意上的決策。最好等憤怒情緒平息之後再做出反應。

嫉妒、報復和仇恨之類的情感十分強烈且極具殺傷力。它們很可能在我們做決定時控制大腦，使我們偏離正軌，進而造成傷害。

有錢人用理性權衡的方式進行決策，並懂得在生氣時中止決策，放鬆自己，用平靜理性的方式重新審視問題。你也應該採取這樣的態度。

決斷能夠打破壓力。

——英國前首相　本傑明．迪斯雷利

149 制定全面的計畫

三思而後行，制定好詳細計畫之後才能開始行動，否則很快地困難會讓你束手無策。

拉比約瑟夫．霍洛維茨（Joseph Horovitz）說：「沒有路時，必須自己開闢一條新路。」一定要在詳細計畫好未來要走的路後再出發。重視每一個細節，用絕對認真的態度對待自己的計畫。為你即將開始的行動設計一個腳本，設想一下可能發生的事情。

在計畫成功之路時，不要依賴運氣、粗心大意，因為這樣做對你的成功通常沒有什麼幫助。就像工程師的建築設計方案裡包含用料、工序和時間表，你也要以這種方式進行準備，在制定完善的行動計畫，在考慮過突發意外事件的解決方案之後再採取行動。

如果你制定了詳細周全的計畫，並為如何克服一切可能遇到的障礙進行預演，那就出發吧，因為你已經完成了一半的工作。

成功人士就是這麼做的。

不要等到上路了才發現沒有帶武器，因為你不知道敵人什麼時候會來傷害你。——《聖經》補遺

150 腦力激盪

在開團隊討論會時，如果所有人都想得一樣，那就表示沒有人在動腦。

猶太作家阿格農曾說：「釣魚人的想法和魚的想法不一樣。」有錢人們懂得召集有才華的人到自己身邊，幫自己增長智慧和財富。

為了讓團隊的動腦會議得到良好的效果，你需要營造一個開放而理性的氛圍，讓大家都能自由表達意見，無須顧慮他人反應。團隊討論時，若所有人自始至終對所有議題保持絕對一致意見，這就說明團隊成員不敢自由發表意見。

在這種情況下，你應該意識到出了問題，並且儘快解決。

每一個想法裡都藏著一個錢袋，每一個錢袋裡又會有一個想法。

——以色列小說家　亞伯拉罕・B・約書亞（Abraham B・Yehoshua）

151 為自己找一位導師

為自己找一位導師。找一位商界菁英指導你，這樣的導師可以大大降低你在不熟悉的新領域犯錯誤的機率。

猶太人喜歡向拉比諮詢一切有關事業和家庭的問題。如果你想成為商人，進入你不熟悉的全新領域打拼，你必須要找一位適合的導師，身份可以是商界人士或是這個新領域的專家。

導師和學生間的互動能給雙方帶來極大的享受。學生向導師學習該領域知識，導師也可在幫助他人和被人需要的過程中獲得成就感，體會到自身價值，受到他人的尊重。

當導師把自己多年累積形成的理念和工作方法傳授給年輕的創業者，並看著他將之運用在自己的事業中，這對於導師自己來說也是一種享受。

找到一位這樣的導師，會為你節省大量的時間和金錢。

為自己找一位拉比，遠離疑問。

——《父輩的倫理》（*Chapters of the Fathers*）

152 發揮創意，尋找機遇

不要活得太死板，積極尋找機遇，嘗試富有創意的生活。僵化只會阻止你的進步，浪費寶貴的時間。

猶太人喜歡說，你面臨的問題常常是偽裝之後的機會。

對於那些習慣在公司和家裡之間移動、生活的人們來說，他們面臨的問題就是「僵化」。當你完成學業後，還要服兵役，你就開始了長期、規律的生活，思考就會變得愈來愈僵化，停止尋找機遇。僵化會導致很多人原地踏步長達數年，而且時間愈久，僵化會愈嚴重。看看身邊五十歲的工薪階層，你覺得他們還有可能拋開一切去自主創業嗎？

答案顯然是：不能。

究其原因，並非是缺乏知識和能力，事實恰好相反。到了這個年紀，大多數人已經擁有足夠多的財富拓展事業或自主創業，多年來在業務或其他領域也累積了不少知識，然而，僵化和死板卻阻止了他們的腳步。

不過，看看那些大企業家，不管是五十歲、六十歲或者七十歲，他們的名字仍然出現在各大報刊專欄裡，一年又一年地拓寬我們的眼界。他們成功的原因就在於他們所擁有的創造力和自由的思想。

你現在多大年紀並不重要，只要記住，你能變成一個更有創造力的人，在嶄新的領域裡成就一番事業。別墨守成規。

保守的人就是擁有絕對健康的雙腿，卻不學習往前走的人。

——美國前總統　佛蘭克林・羅斯福（Franklin Roosevelt）

153 推銷你自己

你如果不把自己的能力和成就告訴別人，就沒有人會知道這些。要用聰明的方法去推銷你的成就。

推銷、推銷、再推銷……

假如我可以決定小學生的上課課程，那麼我一定要把市場行銷納入到小學一年級的課程內。有些年輕人接受了十二年的教育後，卻對市場行銷一無所知，更不知道掌握它的必要性。有些人在大學畢業後也不懂市場行銷理論及其優勢，有人甚至到了四十歲或六十歲仍然不清楚什麼是市場行銷。

市場行銷是商業界乃至整個人類社會最為有力的工具之一，它可以引領你飛速前進。自我推銷是市場行銷中相當重要的一個部分，你的自我推銷能力愈強，取得成功的希望就愈大，可選擇的範圍就愈廣。

有錢人無時無刻都在學習行銷方法，甚至會創造一些新的行銷方式。他們聘用市場行銷專員推銷自己的品牌，在每一位顧客的意識裡植入對該品牌的好感。

學會推銷你自己，推銷你的成就、能力和出色的品質，這樣才能讓大家關注你，在將來的某一天因為你出眾的才華而對你加以重用，或者和你做生意。

許多的人生失敗者都沒有意識到一個事實：他們是在快接近成功時放棄的。

——美國發明家　湯瑪斯·愛迪生

154 廣告與行銷助長銷售

市場行銷和廣告對取得商業成功來說必不可缺。要知道，連可口可樂和麥當勞這樣的公司都在做廣告，雖然沒人不知道這兩個品牌。

西班牙猶太人常說，當你去購物時，你得運用雙眼而非耳朵。廣告和行銷能拉動生意，如果你懂得合理運用這兩個工具，就能賺大錢。**只要生意還在進行之中，宣傳和推銷活動就不能停止。**

看看像可口可樂、麥當勞、賓士這樣的大企業，他們總是一刻不停地做廣告、推銷自己的產品。這樣的做法給他們的業務帶來一次又一次的成功，直到佔領市場。這些公司的老闆始終注重在廣告和行銷界保持與時俱進、不斷發展，讓其他公司望塵莫及。

你要向他們學習。如果你對廣告和行銷領域還不夠熟悉，那就快發揮你的創意，進入到這個領域之中。

入迷才能進步。

——拉比 摩西·伊本·以斯拉

155 檢查資訊

你的傳真、電子郵件或信件已經發送出去了嗎？別忘了和對方確認是否收到。

因為雙方缺乏溝通而導致的失誤案例很多。在寄出重要信件、傳真或者電子郵件之後，你一定要進行後續追蹤。如果還沒有收到對方回覆，先別著急下結論，誤認為對方對你的提議不感興趣，

一定要確認對方已經收到了你的信息。

不要羞於向你犯過的錯誤說謝謝，因為它證明了你比犯錯誤之前的自己更加智慧。

——愛爾蘭作家　喬納森・斯威夫特（Jonathan Swift）

156 人際關係是你的敲門磚

人際關係是一種力量。要維護好自己的人際圈，在別人過生日或者新年時打個電話或者發一封電子郵件送上祝福。就算你換了工作，將來也可能在其他場合遇到老朋友。

我曾經在一本書上讀到：「你掌握多少知識不重要，重要的是你認識什麼人。」擁有一張強大的人際關係網路的人，比那些一心苦讀聖賢書的人更加成功。

人際關係能在任何時候成為你的敲門磚。有錢人時時刻刻都在豐富自己的人際關係網路，他們更願意聘雇那些交遊廣闊的人。

以色列國防軍的將軍在退役後容易在財力雄厚的大企業裡擔任重要的職位，這不僅是因為他們出色的領導能力，還是因為他們在軍隊服役期間與政府部門、政治家和議員們建立的密切關係。

設想一下，如果你要和一位負責某事務的副部長見面，會是怎樣的情形呢。要是真能約到他，那麼在和他見面之前，你將會經歷多少艱難險阻呢？現在再設想一下，如果有一位剛從國防軍退役的將軍加入你的公司，或是和你在同一間辦公室工作，那你和那位部長見面還會如此難嗎？

好吧，也許短期內你請不到這樣一位將軍到你公司工作，但你得承認，若是你的朋友中有人認識這位將軍或者他的家人，這也是一個好的起點。

經營自己的人際關係，這是有錢人最重要的祕密武器之一。

金錢並不是生活的全部，只要夠用就行了。

——《富比士》雜誌創辦人　邁爾康·富比士（Malcolm Forbes）

157 顧客就是形象大使

要留住你的客源，贏得滿意的顧客相當於聘請了形象大使。比起爭取新顧客，照顧好回頭客要容易得多，成本也更低。

猶太人常說：「不要輕易為和你交易、跟你談判的對手做出好評，等到你們之間沒有利益關係了再做評價。」

這句話很正確，它不僅對商人、顧客來說都重要，對顧客而言也很重要。因為客戶是商業的核心。

贏得新顧客的青睞需要投入大量資金做廣告宣傳和市場行銷，還要靠提供優質的服務，用時間證明老闆的能力。

顧客值千金，客源的平均價值與年平均營業額相當。如果老客戶保持活躍度的同時還能為你帶來新客戶，那麼它的價值就翻倍了。

新客戶也會長期購買你的產品或服務，同時帶來其他新客戶，你可以算算營業額增加到多高了。

所以，竭盡全力留住你的客源，保證他們能夠繼續享受你優質的服務。

如果一定要在二者中擇其一的話，留住忠實的老客戶比贏得新客戶更重要。

不信任別人的人，自己也是不可信的。

——德國作家　貝特霍爾德・奧爾巴赫（Berthold Auerbach）

158 對手是競爭的一部分

做生意必然會有競爭者，你不能忽略或輕視他們的存在。

做任何生意，就算是新興產業，都存在著競爭者。有的競爭者手段殘酷，給你造成損失是他們唯一目的。也有些對手懂得用高明手段與你一較高下，就像下棋一樣。猶太人常說：「紛爭和吵鬧不會帶來任何好處。」所以你要明白，沒必要和競爭對手大吵大鬧，同時也不能忽視他們。

人們很容易忽視競爭者，對自己說：「由他們去吧。」但你要知道，對手是競爭中不可缺少的一部分。競爭對手的廣告就是你的商業情報，要認真研究才能做出恰當回應。不過，有錢人通常引領他人，而非被他人引領。當競爭者開始促銷時，他們不會去仿效，而是創造出另一種全新的促銷方式，以更巧妙的策略，達到更理想的效果。

學會傾聽你的對手，他們能為你指出賺錢的新方法。

當你兩手空空時，你的精神境界也無法提升。

——政治思想家　阿舍．金斯伯格

159 世界是圓的

不要毀掉你過的每一座橋，你根本想不到自己一生中會有多少次再路過同一條河流。

猶太人的歌中唱道：「整個世界就是一座窄橋。」不管你正處於哪個階段或是朝著哪個方向走，最關鍵的是維護好你的人際關係。

我們所處的世界是圓的，這個說法你一定也聽過，分開的人在十年或者二十年之後可能再次相遇。所以你要經營好自己的人際圈，不要輕易斷絕和他人的關係。

有時，你的員工跳槽到別的公司，幾年之後成了那家公司舉足輕重的人物，此時他的地位有可能對你有利，也可能危害到你。

如果說葡萄園是一個宇宙，那麼狐狸就是一門學科。

——希伯來語詩人　I．L．戈登（Judah Leib Gordon）

160 學習新策略

在商界，任何事情都不是偶然的。

猶太領袖常說：「以欺騙的手段，足以引發一場戰爭。」在商界也是如此。超市裡的糖果都擺在較低的貨架上，以便顧客的小孩隨時將糖果拿出來，放進購物車裡。

麵包和牛奶這樣的生活必需品則被放在超市的邊緣角落裡，這樣你就得穿越層層貨架，你購買計畫以外商品的機率也將大大提高。這些都是精心設計出來的，絕非偶然。

學會將大公司的這些策略運用到自己的生意中，改善商業運作。

人們花掉很多的錢，是為了讓別人覺得自己真的有錢。

——本書作者　史威加・貝爾格曼

161 牢記對方的姓名

請問您貴姓？

拉比哈依姆說：「姓名是一個人的靈魂所在。」人們最愛聽的就是自己的名字。學會記住你的商業夥伴和客戶的姓名，以名字稱呼對方，這將對你產生幫助。當你叫出顧客的名字時，他能夠感受到你已用心記住他，說明了你在向他示好。這樣的稱呼會大大提升你在對方心目中的好感度。

名字比榮耀更重要，因為好名聲可以一直維持，而榮耀卻會隨著時間的流逝而枯萎。

——猶太智者

162 右腦具有決定權

人腦的結構特點決定了：店鋪要開在右邊。

約瑟夫．辛格說過：「人是擅長研究、觀察和分類的動物。」的確如此，一項行為觀察研究表示，當人們走進購物中心，大多數時候會先向右轉，從右邊的店鋪開始逛起。這是大部分顧客的自然傾向。

可能這聽起來有點奇怪，但卻是事實，所以這相當重要。

你下次再去逛購物中心時，可以站在入口處花幾分鐘時間統計一下，有多少人進門之後向右轉，又有多少人進門之後向左轉。結果一定會讓你大吃一驚。

在你租用購物中心的店面或者其他位置的店鋪時，這個資料可能會對你有幫助。

天生的好奇心是科學之母。

——奧地利科學家　約瑟夫．艾辛格（Josef Eisinger）

163 快步走，慢步走

當一個人從大街走進購物中心時，通常會忽略最先經過的那幾家店鋪，因為他走路的步調還來不及從街上的快步走轉換成逛街的慢節奏。

「今天很短暫，任務很艱鉅。」猶太智慧書中這樣寫道。正因為如此，我們就一定要多學習別人的經驗，減少犯錯的時間。

研究資料告訴我們，一定要租商場入口處的五家店鋪之外的位置。當然，我們想要的不是總能實現，但如果有機會，你必須要知道：人們之所以會改變走路的節奏，是因為在人們到達商場以前，他們會以較快的步伐朝目的地行進，而到達之後還需要花一段時間，將步伐調整為正常逛商場的節奏。

當顧客走得更從容和閒適時，也就更容易被商家展示的琳琅滿目的商品所吸引了。

螞蟻辛苦蒐集一年的東西，駱駝一分鐘就蒐集完了。

——利比亞猶太人

164 五〇%的倒閉機率

因為缺乏企業規劃和相應的發展計畫，有些新企業會在很短時間內倒閉。

拉比撒母耳・本・亞伯拉罕說：「沒有錢的人就如同沒有靈魂的軀體。」所以，你在進行投資前一定要好好考慮清楚。大約五〇%的企業會在成立四年之後就倒閉，這些企業老闆有的是開張前沒做好充分準備，有的是沒有足夠精力和財力繼續創業。

創業需要相當長的時間完善基礎工作，不同領域所需要的準備時間也不盡相同。在初創階段，創業者要對可能遇到的困難充分的認知，並且做好應對的準備。

當你創建新事業時，要針對所有可能出現的狀況制定一份完整的應對計畫，也要對資金周轉問題有所準備。在度過一個又一個難關之後，你就能逐漸富有起來。

但在那一刻來臨之前，還有很多艱苦的工作在等著你。

經驗就是人們為自己犯下的錯誤所貼的標籤。

——愛爾蘭作家　奧斯卡・王爾德

165 保守祕密

學會保守祕密。只要你一直獨有某個資訊，它就可能為你帶來不錯的收益。

猶太拉比說：「一個人掌握著祕密，祕密就是他的奴隸；一旦祕密被揭穿，這個人就變成祕密的奴隸。」是的，當你將祕密與他人分享時，也將自己的收益分給了他人。

有時，當你即將達成一項交易，你覺得有必要告訴別人這件事，但以我的經驗來看，我必須告訴你，千萬不要在事成之前告訴任何人。

我曾經打算在以色列的納塔尼亞開發一項新業務。在與以色列北部的一位銷售商談過後，讓我震驚的事發生了，第二天，他和一位開發商談專案，談的正是我此前和他提過的那個專案。雖然他們最終沒能談成，但這件事對我來說卻是一大教訓。

你也要從中汲取教訓，以免自己也犯同樣的錯誤。

經驗是智慧之母。

——義大利藝術家　李奧納多·達文西（Leonardo da Vinci）

166

八十／二十法則

八十／二十法則又稱「帕累托法則」，是以十九世紀義大利經濟學家帕累托的名字命名。

帕累托對他生活年代的財富分配狀況進行了調查，得出「大多數財富掌握在少數人手中」這一結論，並把這少部分人稱「關鍵少數」。帕累托定下的這一個定律也被稱為「八十／二十法則」，也就是說，八○%的營業額都是由二○%的顧客貢獻的。當你的生活日益忙碌，沒有足夠的時間去完成想做的事情時，記住這條規則就顯得十分重要了。

這時，你需要重新審視自己所有的業務，然後決定哪些是在二○%的領域裡的，哪些是在八○%的領域裡。這樣一來，你就可以很容易地篩選出那些佔用你大量時間，貢獻卻很小的客戶或者業務了。

經過這樣的篩選，你就能夠更好地利用時間，為自己贏得更多收益。

——《父輩的倫理》

怎樣才是智慧的人？向每個人學習的人。

167 找一位優秀的律師

要想取得成功，你必須要擁有一個專業而優秀的團隊。

生意人必須要向專業人士請教，這位專業人士要在業界擁有專業可靠的口碑，索取的費用也公允合理。在以色列，律師佔人口的比例很高，所以可供選擇的範圍較寬。

選擇一位好律師，確定這就是你希望自己在法庭上的代表，同時對方也是你不希望出現在法庭上的對立方。

有時候，一位好律師就代表了真相。

——本書作者　史威加・貝爾格曼

168 分發名片

隨身攜帶自己的名片，抓住一切機會分發出去。

有位大客戶在收到我的名片五年後才第一次與我合作。在向他人介紹自己的業務和職位時，你的名片可以發揮很好的輔助和修飾作用。

你要將自己的重要資訊以簡短的方式呈現在名片上，同時附上各種聯繫方式：辦公室電話、手機、傳真、地址、網站和電子郵件。

分發名片是一種非常有效的交流手段。

發名片的最好方式是向別人索取名片。

——本書作者　史威加．貝爾格曼

169 毅力

成功需要毅力。毅力是排除有害環境對人的負面影響，建立明確的行動計畫，以及綜合各方資源而獲得的，然而其中最重要的是對成功具有強烈渴望。

撒母耳·魯賓說：「毅力是成功的右手。」有錢人懂得，在奮鬥的終點一定會得到自己所追求的東西，因此他們從不放棄。

回想一下你曾走過漫長而艱辛的旅途，或者需要刻苦復習的考試，無論有多少困難，你都憑藉著毅力完成了。記住那些危機時刻和你採取的應對方法，將這種方法變成你的習慣。

未來，就是我們的生意蓬勃發展，朋友真情實意，幸福天長地久的時候。

——美國記者　安柏羅斯·比爾斯

170 簡單的生意

華倫・巴菲特曾經在一次講座中提到，如果你要投資，就要投資一樁連傻瓜都能管理的生意，因為最終的管理者往往也是他。

以我看來，這句話的意思是讓大家投資簡單且易於管理的生意，以防今後的管理工作過於複雜。與行銷業務不同，這類生意的優點在於，不需要聘用有特殊才能的員工，他只需要認真工作就行了。

如果華倫・巴菲特這樣的傳奇富翁都這麼說，那他很可能是對的。就像美國發明家班傑明・富蘭克林（Benjamin Franklin）所說：「不是你控制生意，就是生意控制你。」

進步的方式只有兩種：靠自己的努力或者靠別人的愚蠢。

——法國哲學家　拉・布呂耶爾（La Bruyere Jean de）

171 遭遇損失也要繼續前行

永遠不要和「我本來可以用損失的那筆錢投資另一筆生意……」之類的想法糾纏。

猶太人常說：「不去做就不會犯錯。」你需要維持繼續冒險的資本，就算某一樁生意失敗了，也能繼續自己的日常生活。在生意失敗之後收拾殘局向前看，具備重新開始奮鬥的能力，將會助你成功致富。

這種能力會使你變得更加強大和難以征服。擁有如此表現的人，才能成為人生贏家。你也可以成為他們當中的一員。

錯誤，事實上是證明一個人正在努力的證據。

——巴布科克（Babcock）

172 採用你的想法

當你把自己的想法透露給周圍的人，別人很有可能將其據為己有。在這種情況下，他也會像你一樣認真對待「自己」的想法。

人們都希望向別人證明自己是對的，所以當你提出一個新點子或者新的工作方法，卻被團隊裡的其他同事改進完善或是採用，那你就給他充分的信任和肯定，讓他能夠充滿動力地將你的想法付諸實踐。

有錢人並不追求名譽，而是堅守自己的底線。

老年人懂得一切，中年人懷疑一切，年輕人相信一切。

——愛爾蘭作家　奧斯卡・王爾德

173 就事論事

當你與顧客或合作夥伴爭執時，要將焦點放在當前的問題上，不要涉及你們以前的交易。

猶太智慧書《阿伯特》中寫到：「聰明人不過問朋友的私事，也不害怕回覆。」

不要讓一次爭吵毀掉你的整個人際關係網。在爭吵過程中，憤怒情緒免不了會爆發出來，在這種狀態下，你因為逞一時口快，會說出很多讓你事後後悔的話。如果不想在爭論中亂了方寸，就要緊緊圍繞爭論的主題，不要偏離話題。一旦察覺情況失去控制，要立即停止爭辯，再找機會繼續。

這是可以做到的，我推薦你這麼做。

花一整年的時間也無法抹去一秒鐘內形成的印象。

——本書作者　史威加・貝爾格曼

174 要引領，不要盲從

在商界戰爭中，你要努力去引領他人，不要被他人牽著鼻子走。

《箴言》裡寫道：「欺騙他人可能引發一場戰爭。」

永遠不要以同樣的促銷活動應對競爭者的促銷，你要主動發起一次全新的競爭。商界最吸引人的地方就是由競爭激發的無窮創造力。當競爭對手率先促銷時，你有必要做出回應。

舉個例子，如果你是一位珠寶商，你的競爭對手宣布店裡所有珠寶都以六折的價格出售，你不能加入價格大戰，把折扣降低至五折，這樣會損害你的利潤。

你需要做的是了解對方的商品在打完六折後的每克售價，然後直接在這個價格上做文章！對方有可能先提高原價，然後以此為基礎打六折，但在你的店裡，同樣的商品只打七折也能比對方便宜！

如果將每克黃金的售價明碼標出，顧客們也會詢問對手的單價，稍加思考，就能明白還是你的促銷活動更划算。這就是一個發揮創造性去贏得競爭、又不會損害利潤的行銷案例。

戰爭不會被理性和正義所約束。

——猶太裔奧地利作家　斯特凡・茨威格（Stefan Zweig）

175 為了賺錢而工作

永遠不要去碰不賺錢的專案。

當你的競爭對手標價低得不合理時，你不要和他硬碰硬，以免損害自己的利益。在這種情況下，哪怕去海邊度假、放鬆精神、恢復活力，也會比賠錢好得多。

在商界，你時常會發現不合理的定價，尤其當你想盡各種辦法改進價格之後，有時還是無法理解為什麼對手竟然可以賣得如此便宜。

對於這種情況，你要知道的是，有時你的競爭對手急需用錢，所以才會將產品以成本價甚至更低的價格出售；或者競爭者在計算定價時出了失誤，這種情況也是會發生的。

富人們會仔細確認，如果不能賺錢，他們寧可不賣。我反對的並不是「虧本銷售」(lost leader)，也就是以成本價出售熱門產品達到吸引顧客目的，我反對的是全部商品的定價都普遍偏低。

計算所有成本、確定了你要出售產品的定價、並且發現了不合理之處以後，你應該知道，馬上有人要賠錢了，你就得考慮怎麼做才能讓賠錢的人不是自己。

並非每一項工作都有必要做，也不是每個價格都要去嘗試，你只需要去運作那些能夠盈

利的專案就行了。

直覺會讓女人不斷更換交往物件，直到得到她想要的結果。

——美國電影明星　B・鐘斯（Buck Jones）

176 開除顧客

學會擺脫顧客。有些顧客會耗費你大量的時間，但是為營業額做出的貢獻卻很小。

某些顧客會佔用你很久的時間，但和他們做生意卻賺不到太多錢。也許「開除顧客」這個概念有點奇怪，但你一定要知道這樣做是可以的。

我說的並不是那些按成交額高低來排名的小客戶，而是那些索取不合理折扣、贈品之類的中小型客戶。

一般來說，他們的付款記錄也不好。**你必須記住，你的時間是寶貴而有限的，一定要選擇優質顧客，並為這類顧客提供最佳服務。**

學而時習之，不亦說乎？

——中國教育家　孔子

177 病毒式行銷

口口相傳的行銷方式被稱為「病毒式行銷」，這是最具影響力的一種行銷方式。

口碑行銷能夠為商家帶來最好的推廣效果。這種行銷的運作不是透過媒體宣傳，而是透過人與人之間的直接交流，這有助於增強產品的吸引力。

當你從朋友那裡聽說他們曾受過一項好服務或優惠價格，你不會覺得對方在廣告，反而認為這是朋友的真誠推薦。

消費者對這類資訊的接受度很高，遠遠超過其他行銷手段。有錢人了解這種推銷方式的力量，善用它來推廣自己的產品或服務，提高產品在消費者中間的知名度。

經商無國界。

——美國前總統　湯瑪斯·傑弗遜（Thomas Jefferson）

178 打破敵對

永遠不要用敵對態度回應客戶的指責。

當客戶或者合作夥伴怒氣衝衝地當面指責你，你首先要透過肯定對方的觀點來打破敵對態勢。待對方情緒緩和後，再坐下來討論如何解決問題。

這種先肯定對方的安撫行為會讓對方不再急於證明自己的正確，這樣他就可以更加心平氣和地來考慮解決方案。

憤怒會讓英雄跌倒。

——摩西・約瑟夫（Mossy Joseph）

179

提防顧客的報復心理

一位失望的顧客可能會患上「報復綜合症」，進而對你的生意造成不可挽回的損失。

盡量讓你的每一位顧客都覺得滿意。當顧客帶有報復心理時，他向你傳遞的都是負面資訊，並帶有強烈的不良動機。報復性顧客會向你展示他所遭受的不公待遇對其造成了怎樣的傷害，因為情緒激動而對你進行報復。

有錢人懂得盡力避免客戶群中產生報復性心理，為了阻止這種來自外部的持續性損失，有時他們寧願犧牲一部分利益。

儘管如此，這種防範也是有限度的，你不能屈服於顧客的「敲詐」，而要以智慧的方式去應對。

沒有合適的機遇，天才也只能默默無聞。

——法國軍事家　拿破崙．波拿巴

180 商務客戶

通常來說，商務客戶都是長期客戶。哪怕一年只和他做一次生意，這次生意也對你有著重大意義。

相比個人客戶，商務客戶有可能成為你生意上的中流砥柱。一定要注意培養這類客戶，並對他們保持高度重視。

商務客戶懂得評估價格等方面的有利變化，而且與個人客戶相比，他們更注重長期保持守時和務實等特質。

在發現更好的交易之前，你的客戶會一直對你保持忠誠。

——本書作者　史威加·貝爾格曼

181 創造現實

眼睛所看到的實際上都是大腦所想的。你的大腦決定你的世界觀。如果你積極思考，你的所見所聞所感也會是積極的。

猶太人有一句著名的諺語：「創作者在創作之前必須要愛上創作素材。」

如果你對你的世界觀不滿意，那就換一個思考方式，你會發現一個更好的世界。

你要記住，我們是透過自己的思維去創造現實。有錢人會建構起「我是幸運兒和成功者」的理念，並對此深信不疑，數年之後，他們真的變成了這種人。

想著自己是富人，你就真的會富有起來，想著自己是窮人，你的生活真的愈來愈窮。

當你停止向內看，開始往外看時，你的創造力就被激發了。

——本書作者　史威加·貝爾格曼

182 一百萬人，為你所用

你只需要認識一百個人，就會有一百萬人為你所用。

拉比猶大．摩德納說過：「正如用一隻手清洗另一隻手一樣，每個人都應該幫助其他人。」如果你認識一百個人，他們每個人都認識一百個人，而這一百個人又各認識一百個人，那麼你就擁有了一百萬個潛在的聯繫人。

你可以計算一下，一百乘以一百乘以一百等於一百萬！

一張龐大的人際關係網展現在你面前，你可以透過它尋求幫助、拓展市場、發布消息，在他人需要幫助時，你也可以貢獻一己之力。要知道，有一百萬人能為你提供幫助。你曾想到過這一點嗎？不過也要記得，想得到別人的幫助，你首先得先幫助別人。

不必等到強大之後才開始行動，只有先開始行動才會變得強大。

——美國知名激勵大師　萊斯．布朗（Les Brown）

183 商業夥伴

有錢人都有合作夥伴。商業夥伴可以給你帶來極大的幫助和好處。

人人都知道，兩個人的力量比一個人要大，但是我們也知道，這還得取決於兩個人的個性和行為方式。**一個好的合作夥伴不僅得和你精神契合，還要對你的事業有幫助，他必須滿足這兩個條件。**

尋找合作夥伴的另一個好處是：他可以幫你分擔工作的時間，可以讓你有更多空間時間發展新業務。

合作與友誼連接起天空和大地、神靈和人類。

——古希臘哲學家　柏拉圖

184 你的私人軍團

在你周圍的人身上投資。

拉比薩阿迪亞說：「沒有軍隊就沒有國王。」當你需要打聽情報、尋求幫助或者徵求意見的時候，你周圍的人能幫助你很多。

有時候，一句好聽的話或是一次鼓勵這樣的微小付出，就可能帶給你極大的回報。善待你身邊的人，不要傷害別人，可以試著傾聽他們的難處。在大多數時候，傾聽比其他任何方式更管用。

要為自己建立一支最願意為你付出的援助軍團。但要用公道的方式及時回饋他們。

在某些情況下，每一個士兵都應該將自己看成會影響全局的那個人。

——以色列開國總理　大衛・本—古裡安

185 自信但不咄咄逼人

攻擊性事實上是不平靜、壓力過大、自卑感和缺乏自利的體現。

不要在你的員工、客戶和合作夥伴面前表現得咄咄逼人。不過，必要時也要學著用自信而不帶攻擊性的方式表達自己。

攻擊性一旦顯露出來，就會帶來持續影響，而且極有可能破壞你長期以來費心經營的人際關係。

戰爭是野蠻人的事業。

——法國軍事家　拿破崙．波拿巴

186 學會看懂財務報告

富人們都懂得如何查看財務報告。

也許這聽起來很複雜，但閱讀財務報告其實是你決定哪支股票可以購買的重要標準。當你準備購買某家公司的股票時，財務報告可以幫你對這家公司做出評價；當你自己開公司時，財務報告也會幫你了解自己企業的運行狀況。

如果你不知道如何閱讀財務報告，那就趕快抽時間學習一下。請教公司的財務總監，在他的幫助下可以輕鬆掌握這項技能，或者是讓你的朋友和熟人教你也行。

這是一項十分重要的技能，切勿忽略。

在快樂中學習一小時，收穫將遠遠超過在憂鬱中學習數小時。

——拉比　哈伊姆．沃勒茲（Chaim of Volozhin）

187 靈光一現，金不換

很多發明創造都來自於一閃即瞬的點子，它會讓你成為富翁。

英國前首相本傑明．迪斯雷利說：「成功是勇敢的女兒。」有時候，一個靈感的火花能夠改變你的人生，讓你成為巨富。如果你有一個好點子，千萬不要猶豫，要勇敢地去實踐它。

最有說服力的一個例子就是「創造」了微軟帝國的比爾．蓋茲（Bill Gates）。如果你有了點子卻不知道如何進行下一步操作，那是因為你不知道市面上有很多公司可以為你評估點子的價值，若評估結果是值得一試，這些公司還會幫你將這個點子付諸實踐。

在你的腦子裡可能蘊藏著數百萬美元的寶藏，你要好好挖掘。有時，這就是區分一個人能否成為富人的唯一要素。

一個成功會帶來又一個成功，就像錢生錢一樣。

——法國作家　薩科．恩波里亞（Nicolas Chamfort）

188 發展新客戶

你有在某個城市做生意嗎？想一想那裡有多少人還沒有成為你的客戶。

有錢人總愛問自己，為什麼有些人還沒有成為自己的顧客，要採取什麼行動才能把這些人爭取過來。分析競爭對手的經營狀況，弄清他們面臨的問題，想一想如何才能將你的業務擴展出去（例如開設分店）或者將顧客吸引過來。

在計算損益平衡點時，考慮的成本就那麼固定的幾項，租金、電費、人力、原料等等。這個損益平衡點幾乎不變的，當你的營業額超過這個點，你就開始盈利了。**隨著客戶數量的增加，利潤也會增長，因為人事費、租金、電費和稅費保持不變，所以每增加一個新客戶，就增加了一筆淨收入。**

因此，要不惜一切地將新客戶從城市的各個角落吸引到你這裡來。

經商的藝術，在於把一件商品從隨處可見的地方帶到難得一見的地方銷售。

——美國文學家　拉爾夫·愛默生（Ralph Emerson）

189 熱情奮戰或者轉身離開

有錢人懂得熱情的力量。如果你的生意無法給你帶來熱情，那就轉手給別人吧！

偉大的事業永遠不可能缺乏熱情。熱情可以引發無限的動力，如果沒有熱情，你將很難進步。熱情的火焰可以點燃你的思想，為你的事業增添力量，也會使你的靈魂變得堅強，伴你度過一路上的重重難關，並且包容他人的冷嘲熱諷。

在開始你的下一樁生意之前，先確認一下你是否對它充滿熱情。

只有在目的本身是正義的時候，才可以賦予為達到目的手段的正義性。

——俄國革命家　萊昂·托洛茨基（Leon Trotsky）

190 最好的推銷時機——錢包打開時

當你的顧客已經在收款台前準備付帳時，他的錢包已經打開，此時你可以趁機向他推銷其他商品。

人在準備付帳時的購買衝動比在任何情況下都要來得強，作為生意人，你要留心觀察面前這位顧客買了些什麼。

有錢人懂得向正在付款的顧客推薦其他的商品或服務，以此擴大銷售額。

有時，顧客心動需要的只不過是商家的一個建議。

錢包滿著總比空著好，尤其是從經濟角度考慮。——美國知名導演　伍迪・艾倫（Woody Allen）

191 與員工合作

在做決策的過程中與員工一起合作，既可以提升員工的工作動力，又能夠增強員工對執行這項決策的責任感。

古希臘哲學家柏拉圖說過：「合作與友誼讓天與地相連，讓神和人相連。」在做決策和討論創意時進行團隊協作會帶來兩個重要影響：

第一，透過共同承擔決策執行的責任，振奮團隊精神，提升員工的自我定位。

第二，為管理者提供了直接了解第一線資訊的途徑，解決了因遠離客戶和銷售廠商而導致的資訊不流通問題，同時也給員工提供了熟悉決策過程的機會

一項指令的完成只有一〇%的要素取決於發出指令，而九〇%都取決於該指令能否得到落實。

——美國將軍　喬治・巴頓

192 別讓顧客等待

人們很討厭排隊。成功的商人懂得這一點，當收銀台工作壓力增加時，他們會增開新的收銀台以分散過多的顧客。

很多顧客都會因為厭惡排隊結帳，而放棄購買已花一小時選購的商品。當顧客拿著商品走到收款台時，他已經享受完逛街和採購的樂趣，只想儘快付款走人。

作為商家，你要試著減少顧客排隊等候結帳的時間，讓他們能夠儘快離開商店。

為什麼別人要有耐心，這個問題的答案很容易找到。

——英國作家　喬治・艾略特（George Eliot）

193

即興也是苦心計畫出來的

優秀的演說家知道，一場精彩的即興演講至少需要一個月的準備時間。

猶太人常說：「準備是成功之母。」當你需要針對某一話題做報告或者接受採訪，你要認真地做準備，避免臨場隨興發揮。

細心的準備工作是走向成功的正途。精彩的即興採訪或即興演說都是經過長達數天的計畫和準備的。

不要指望好運降臨，提前想好所有可能需要應付的問題及其解決方案。

專業的準備工作會帶來專業化的結果。

——本書作者　史威加·貝爾格曼

194

最後關頭，力挽狂瀾

在所有事情塵埃落定之前，一切皆有可能。商人們都懂得，即使是到了最後一分鐘，也有拯救一筆交易的可能性。

猶太商人常說，在談判失敗後仍然能夠完成交易的妙方是：當你已經用盡渾身解數，開始收拾行裝，關上箱子，向對方坦承沒法談成這筆交易，然後準備離開時，你轉過身來，誠懇地請對方指出你的失誤，甚至幫助你總結談判失敗的原因。

在這時，對方已經明確知道沒有生意可談了，所以面對你的請求會卸下防備。他會向你解釋自己不滿意的地方在哪裡。現在，你就要抓住機會迅速回到之前的話題，直至成功瓦解對方的不滿情緒，挽回這筆業務。

就算無法成功挽回，至少你從中得到了經驗，這些經驗很可能在下一次的談判中對你有所幫助。

金錢是第六感，沒有它，其他五種感官都失去了價值。

——英國現代小說家　威廉・毛姆（William Maugham）

195 文宣的力量

大部分的促銷活動都是在文宣上做文章。

有錢人深知，以最佳方式向顧客展示產品才能讓他們覺得這是「這輩子」最值得的交易，或者至少是「今年」最值得的交易。

舉例來說：在以色列，最老套的促銷活動就是「第二件五折」，「五折」兩個字一定會用大號字體來強調和突出，這會讓顧客們確信自己享受了五折優惠。但只要算算就會發現，若第一件商品售價為一百新謝克爾，那麼享受五折的第二件商品價格就是五十新謝克爾，兩件商品共一百五十新謝克爾。也就是說，每一件商品你享受了二十五新謝克爾的優惠（兩件商品的原價共兩百新謝克爾），也就是七五折的折扣。

與五折相比，七五折顯得力度不大了，這個折扣在不做促銷的季節也十分常見。然而，這樣的誘餌行銷方式卻能成功地讓顧客一次購買兩件商品。

對於一匹金色並且背負重物的驢來說，沒有不能佔領的堡壘。

——馬其頓國王　腓力二世（Philip II of Macedon）

196 廣告詞決定廣告水準

刊登在報紙上的很多廣告的廣告詞都由企業主設計的。

拉比摩西・伊本・以斯拉說過：「主題是靈魂，詞彙是主題的身體。」大部分廣告的宣傳效果不好，原因在於沒有好的廣告詞。有錢人雖然會委託廣告公司幫忙設計廣告，在廣告成形之後，他們會依據廣告設計中最重要的「三大標準」對其進行評測。

第一條，向顧客闡明服務或產品的實質。要讓顧客一看主標題就明白這是一則關於什麼產品的廣告，如果他有需求，就會繼續瀏覽廣告內容。假如你從事拖車業務，就要在顯著位置寫明「拖車」二字。

第二條，闡明產品賣點，也就是你想借助這條廣告宣傳的核心是什麼。

第三條，闡明方便的程度，也就是顧客可以在多少時間內以什麼樣的速度享受到你的產品或服務。

當你的廣告設計滿足了這三條原則，這則廣告一定能收到更好的效果。

詞彙是用來懸掛理念的魚鉤。

——美國演說家　亨利・沃德（Henry Ward）

197 讓顧客享受閒逛的舒適感

店內過於擁擠，顧客就會因此減少在店內購物的時間和購買量。

一個店鋪如果過於狹窄，店內的客流量就會不通暢，最終顧客什麼東西都沒買就離開了。在你開始策劃下一個事業時，無論你要開得是車行還是奢華的酒吧，除了煩惱燈光和閃亮的大理石地板之外，別忘了你那過於狹窄的店面，顧客不喜歡有人主動湊過來，這樣不但會驚嚇到對方，還會迫使顧客提前離開。

我無法給你成功的公式，但能給你失敗的公式，它就是：試圖讓每個人都滿意。

——赫伯斯・斯沃普

198 辦法有時近在咫尺

沒必要一直孤身一人探索道路，有時你只需要觀察周圍，向競爭對手或是所處的環境學習。

創新雖然很重要，但是有時候也可以、也需要你模仿他人的成功。如果某項產品在市場中大賣，也許不必生產革命性的創新產品搶回市場，而是可以考慮銷售完全一樣的產品。因為不只有你們致力於研發新產品，有時候你的競爭對手也在做同樣的事，並且已經取得了成功。在這種狀況下，你可以乘勢分一杯羹，省下研發的開銷，進而獲得更多利潤。

小孩的身體投射出巨大的影子，是太陽落日的訊號。

——《小王子》（*Le Petit Prince*）

199 先過目，再簽字

在簽署任何文件或合約之前，先仔細閱讀、檢核上面的內容。

世界各地都有人倉促地在價值百萬美元的合約上簽字。成功人士絕對不會未經嚴謹閱讀或是不依據法律程序就在送來的文件上簽字。

在簽署文件之前，你也需要學會好好閱讀、質疑並且批示（如果有需要批示的內容），因為在簽署文件、執行業務之後，就沒有回頭路可走。即使有，也是極其複雜且代價昂貴的。

簽名前，請三思。

有一千種成功的道路，但大多數情況下，成功都是由你的銀行帳戶證明的。

——本書作者　史威加・貝爾格曼

200 聘請優秀的會計師

聘請一位優秀的會計是必要的，他要具備充足的時間為你服務，能夠提供專業並且可靠的工作品質。你可以針對避稅提出自己的想法，並且確保這些做法都守法。

在進行業務往來時，會計師就是你的保鏢。他會幫你帶來一批又一批的大生意，因此你必須投入一定的時間和精力來挑選會計師，不要只聽單方面的推薦，也不要貪圖省錢。但是，你要留心會計師索取的費用也必須合情合理。

成功商人非常贊同這個觀點，隨時準備斥巨資聘請優秀的會計師為自己服務。

有的時候，一個富有創意，身價高昂的律師或會計師的意見等同於真相。

——本書作者　史威加　貝爾格曼

後記

其實，鑽石就在不遠處

在本書的最後，我想講一個故事。它告訴我們一個道理：財富其實蘊藏在自己內心，你需要做的只不過是把它找出來。大多數人都在遠處尋找財富和幸福，卻不知它們就躲在自己身邊。

從前，有一個盜賊專門偷各種寶石，他依靠這門手藝維持生計。有一天，他參加了一場大型珠寶展，一顆切割精美的大鑽石映入盜賊的眼簾。他一邊觀察鑽石，一邊在人群中隱藏自己。這時，一位錦衣華服的老闆也被這顆鑽石吸引過來，一番商談之後，他以十萬美元買下這顆鑽石，然後離開了會場。盜賊知道這是一次千載難逢的機會，便匆匆跟上這位老闆，隨他走了很長一段路，直到登上一艘豪華客輪。這個經驗老道的盜賊上船之後，買通了客艙接待員，順利住進了老闆所在的客艙。

其實，老闆一開始就發現了這個「形影不離」的夥伴，此時看到他出現在客艙裡，並不覺得奇怪，只暗暗決定要多加小心。晚飯過後，老闆換了睡衣上床睡覺，盜賊知道自己一展身手的時候到了，便開始瘋狂地搜尋寶石。行李箱、衣服、枕頭下、床墊下、鞋裡、錢包裡都找過了，但連寶石的影子都沒見到。

第二天早晨，兩人睡醒之後，換好衣服，喝完咖啡，老闆正準備走下甲板，盜賊走過來，向老闆坦白：「十分抱歉，先生，我有幾句話想和您說。」「請講。」老闆回答道。盜賊說：「說實話，偷竊這個行當我已經幹了很多年了，昨天我看到您買下那顆鑽石，於是就跟著您來到這裡，甚至設法和您住進了同一個客艙。昨天晚上您睡著以後，我一直在找這顆寶石，誰知把您的隨行物品都翻遍了，卻仍然一無所獲。我實在是太好奇您把鑽石藏在什麼地方，還望您能告訴我。」

老闆笑著對盜賊說：「我在會場就注意到你了，當時你盯著這顆鑽石不放，所以當你出現在客艙時，我並不驚奇。我想你一定是在打這顆鑽石的主意，所以就在睡覺前把鑽石藏到你外套口袋裡，我敢確定你一定不會在自己的行李裡搜尋。到了早上，我趁你去洗澡時把鑽石從你的口袋裡取出，收了回來。」

聽完這個故事，我想問問我的讀者們：**你們是不是也在別人的口袋裡尋找自己想要的那顆鑽石，全然不知這顆鑽石就在自己的口袋裡呢？**

祝你們成功！

初版推薦文

祕密中的祕密

吳維寧（以色列認證幼教師、作家）

在開始談這本書之前，我想要先跟大家說一個發生在我身上的真實故事。

我跟我的猶太老公還是剛交往的男女朋友時，有一次回以色列的旅途中，我在登機的前幾分鐘覺得肚子餓，打算買一份簡餐上機吃。當時我的老公想了想，建議我放棄簡餐，買點小零食就好。「坐上飛機沒多久就要供餐了，你現在另外買食物吃，很浪費錢！」他這樣告訴我。我吃驚地打開我的皮包跟他說：「我有錢啊！」

「不是浪費你買這份食物的錢，而是你現在吃了，等一下就吃不下飛機上的餐點，這樣會浪費你已經付出的錢。」他這樣回答。

我當時雖然不算是嬌嬌女，但也從來沒有開口說要自己付錢買食物，這下卻被身旁的男人阻止要我再等一個鐘頭，特別是，還是剛認識不久的男朋友！

我當時想著：大家告訴我猶太人很吝嗇，這果然是真的！

然而這個想法，在回到以色列後兩天，又被後來發生的事情完全否定了！

我跟當時還是男朋友的老公一起逛街，打算買一雙好穿的涼鞋。我們走進以色列的國民品牌涼鞋店，這家涼鞋品牌號稱他們做的鞋子可以上山下海，舒服又耐磨。我在一堆造型不起眼的鞋子中東挑西選，找了一雙不難看、穿起來又很舒服的涼鞋，翻過背面看價格。嚇！在十幾年前的物價中，一雙完全不起眼、造型又簡單的涼鞋竟然要價新台幣三千多元！我馬上放下鞋子，跟老公搖了搖頭就走出店面。結果我在店門的另一邊等了一會兒，老公才出現，手上拿著那雙他已經付過錢的涼鞋。

我看著他，覺得他對於金錢的觀念讓我很困惑。他會阻止我買咖啡隨身包，因為旅館有贈送；阻止我買餐點，因為機票錢已經含了餐費。但他可以花好幾千元買一雙涼鞋，或是一件T恤，卻覺得這個價格不貴，值得購買!?

「你想想，你每天要穿這件衣服多少個鐘頭？穿這雙鞋子多久？一雙不適合的鞋子對你的心情與健康影響有多大？買到可以讓你穿得舒服、讓你專心工作或玩樂的衣物才重要，才是正確的投資與消費！」學理工的老公竟然這樣跟我說。

聽到他這樣說之後，我才了解對他而言，商品的價格不是「真正的價值」；若是物品沒有價值，那價格再便宜都是浪費；物品有足夠的價值，就算再貴都值得消費！

而我老公只是個很普通的猶太人，甚至結婚之後他就不再過問家中的金錢狀況，完全由我一手打點各種支出與銀行存款。但從結婚前這些小事中他呈現出來的金錢觀與生活價值觀，卻深深影響著我對於金錢的使用方式。我漸漸學會先認清這些商品本身的使用價值及對我生活的重要性，而不是先看商品價格高低來決定是否購買。

所以，現在我們回到正題。當我翻開《猶太人這樣想、這樣做》時，看到這本書是從猶太人的信念與態度，也就是他們的思維方式開始談，然後再說明他們的理財、投資、創業的行為態度時，我就了解到這是一本正確介紹猶太人賺錢祕密的書——如果我們為了快速學習猶太人的賺錢方式，只選擇看他們的行為方式，很容易錯判他們做這個舉動背後的動機或想法。

就像我一開始認定猶太人有錢是因為他們「很吝嗇」！

只有在理解到猶太人對於人生的信念與信仰，對於生活與金錢的態度，才可能真正用同樣的行為模式去投資、去理財、去賺錢！如此一來，才不會有「畫虎不成反類犬」或「橘逾淮為枳」這種因為文化與思考方式不同而造成的「移植失敗」問題。

除了這點，這本書還有另一個非常重要的特色：全書歸結了富有猶太人都知道的祕密，是身為猶太人的史威加．貝爾格曼寫來教導猶太人怎麼賺錢的。事實上，這是一本談猶太人致富「祕密中的祕密」的書！

是的，我在以色列看到並非所有的猶太人都是有錢人，就算他們的價值觀與金錢觀對致富有很大益處，但也不是所有的猶太人都熱衷於理財投資；如果猶太人都只愛賺錢的話，全世界就沒有那麼多猶太諾貝爾獎得主了吧？

所以這種時候，如果有個積極的猶太人，白手起家，跟大家證明他的成功與富有不是來自於他的富爸爸或他的幸運，而是因為他熟悉富人的理財常識與知識，並且把他看到與知道的知識和資訊都寫下來，這樣他寫出來的書應該就很有用又很有說明力了！

而作者貝爾格曼就是這樣的一個人！他白手起家成為一個成功的企業家，之後開始寫作，跟大家分析他自己的成功之道與富人之術。他教股市投資，也教家庭與個人理財。他將艱澀難懂的經濟理論用簡單易懂的文字表達。因此在以色列，他的書是很多猶太人的理財入門書。

畢竟，想要做好一件事，跟這個領域的專家學才是最快的。

貝爾格曼相信，如果一個人想要變得有錢，那了解有錢人的想法與價值觀，他就成功了五〇％。剩下的五〇％，則是強烈的動機與行動力。

如果你已經是那個有強烈動機與行動力的人，那請馬上翻開這本書，與所有的猶太人一起，學習、思考、應用這致富之道中「祕密的祕密」！

初版推薦文

不求成敗，但求成長——猶太人的幸福學習觀

艾兒莎（「放棄22k，蹦跳新加坡」版主）

讀完這本書後不難發現，為什麼猶太人被譽為是世界上最會賺錢的民族，各行各業的翹楚者都有他們的身影，無論是前美國聯準會主席葛林斯潘（Alan Greenspan）還是金融大鱷索羅斯（George Soros）、臉書創辦人祖克柏還是谷歌創辦人之一佩吉（Larry Page），他們的共通點就是——他們都是猶太人。

而猶太人能如此成功的原因，從書中看來，我歸納了以下四個因素：

一、歷史因素
二、宗教因素
三、環境因素
四、家庭教育因素

歷史的因素中捕捉了猶太宗教的限制。中古世紀，猶太人專門以放貸為獨門生意。工會

組織為基督徒壟斷，猶太人經營自主性較大的行業，如貸款、保險、裁縫和醫生等行業，因為無同業公會的限制，猶太商人勇於創新突破，除了建立完善的存放款制度，還利用債券、匯票等工具取代現金，以方便其產業突然遭當局沒收時藏匿。而歐洲現代金融業都是仿效猶太人的制度所因應而生。

宗教上，猶太教為務實避虛的宗教，強調在現世生活上勤奮工作，理性處事，不諱言牟利，大力鼓勵儲蓄和投資。猶太人重商，洞悉金錢功能，認為投機乃是必要之惡。恆久的不安全感使猶太人對市場反應敏銳，彈性應變，這也是宗教所造成的影響。

環境上來說，若綜觀歷史，猶太民族面對充滿敵意的外在環境，長久持以兩種應對之方式，一是維持猶太社團共生共存的認同意識，另外是減少與異教徒世界的接觸及交流。猶太人培養出對外界仇恨排擠歧視的適應能力及韌度，此種應對之道世代承襲，造就猶太人孤傲自處、堅忍不拔的特性，當然也可以更加理解書中所分析的猶太人無比信念與積極態度。而這些都是通往成功的必要條件，卻容易在這資訊爆炸的時代被稀釋，所以我非常享受在閱讀「信念篇」那幾則故事時，內心被鼓舞的感動。

最後一個，也是最重要的環節，就是猶太家庭傳統的「哈柏露塔」（Havruta）教育方式。哈柏露塔的原意接近英文的 fellowship，有「夥伴關係、友誼」的意思；哈柏露塔的核心概念是兩人一組，透過提問、回答及反駁來進行討論與辯論。但重點不在於辯論輸贏，而是學習如何表達自己、傾聽與思考。討論中的兩個人地位平等，透過立場互換的討論過程，雙方都能放下身段，既讓對方了解自己的想法，也可以傾聽對方的創見，不關注勝敗，反而像跳舞一樣，輪流掌握主導權、在過程中培養出極佳的默契。

我崇拜的臉書創辦人祖克柏，從小就被父母用這樣的方式教導，這樣的方式影響了他日後很多的思考邏輯與習慣。這些能讓我們重新省思、並發掘自己人生與各種目標和需求的關係，因為就像這種教育方式一樣，我們都不是生下來去追求輸贏的，而是要不斷的精進並挑戰自己的成長道路，最終才能獲得成就與快樂。

就我個人來說，能追求到最後的自我肯定，就能感到對人生的滿足與喜悅，當然帶來的就是那所謂的幸福。所以在看到《猶太人這樣想、這樣做》其中一則〈通往幸福之路〉時，它說：「根本沒有通往幸福之路這麼一回事，走這條路本身就是一種幸福。」實在心有戚戚焉。

或許我們都已經在幸福這條道路上，只是需要在慾望與迷惘中被提醒一番罷了。為此，我非常感激這本書的醍醐灌頂，也推薦讀者們一起慢慢品嘗這本誠懇解析猶太人的書，同時找回自己在成功、生命、工作與自我的關係位置。

初版推薦文
猶太人教你如何成功！

林成蔭（財子學堂創辦人）

「如何成功？」這是絕大多數人朝思暮想的事情，祕訣為何，卻是眾說紛紜。市面上與成功學相關的書籍汗牛充棟，然而其作者自己本身是否已經成功常令人質疑。

猶太人在世界上有著傑出表現，值得留意的是，在科學、金融等特別需要專業能力的領域更是突出。根據統計，猶太人占全球人口約〇．二％，但是代表全球學術最高榮譽的「諾貝爾獎」其得主有超過五分之一為猶太人，再者，在財經界最具影響力的美國聯準會前兩任主席柏南奇（Ben Bernanke）、葛林斯潘與近代心理學大師佛洛伊德（Sigmund Freud），都是猶太人。

這個民族如此成功，想必一定有其獨到之處。

《猶太人這樣想、這樣做》由以色列知名作家史威加．貝爾格曼以希伯來文撰寫，從信念、態度、理財、投資、創業五大主題原汁原味揭露猶太人思路，實屬難得。

我在拜讀之際，常因書中字句激發靈感，深感受用無窮。

例如，「投資篇」第一〇六則提及「罪惡感」，生動地點出一般投資人在股市漲跌時，常會不論盈虧都產生負面情緒，做出錯誤決策，而成功的富人則會拋開情緒按照計畫行事。

在「創業篇」中，第一五七則指出「顧客就是形象大使」，以高於客戶期待的水準提供服務，他們會以雙倍的忠實度回報，值得企業主深思，是否已盡力照顧客戶。

在凡事講求CP值的時代，本書是最佳選擇！

初版推薦文

從觀念改變，翻轉人生

邱沁宜（財經節目主持人、財經作家）

猶太人的事業、財富、家庭，都深受信仰影響，整本《聖經》最關鍵的就是信心，什麼是信心呢？《希伯來書》十一章一節：「信就是所望之事的實底，是未所見之事的確據。」指的是對所盼望的事有把握，對不能看見的事能肯定。這也是為何猶太人能走別人不敢走的路，想別人不敢想的夢，所以得到別人不敢置信的成果。

當你有強大的信心、正確的心靈、充滿愛的家庭，成功絕對離你很近了。這不是一般的理財書，而是一本點出人生、財富最根本的源頭祕密，學習猶太人的智慧的書。本書教你從心改變，一切就會翻轉。

Beyond 034

猶太人這樣想、這樣做

200則讓全世界買單的成功術

作者／史威加．貝爾格曼（Zvika Bergman） 譯／范曉

執行編輯／陳懿文、盧珮如 編輯協力／林孜懃 封面設計／萬勝安
行銷企劃／舒意雯 出版一部總編輯暨總監／王明雪

發行人／王榮文
出版發行／遠流出版事業股份有限公司
地址：104005台北市中山北路一段11號13樓
電話：(02)2571-0297 傳真：(02)2571-0197 郵撥：0189456-1
著作權顧問／蕭雄淋律師
輸出印刷／中原造像股份有限公司
□ 2015年11月1日 初版一刷
□ 2022年9月5日 二版二刷

定價／新台幣380元（缺頁或破損的書，請寄回更換）
有著作權．侵害必究 Printed in Taiwan
ISBN 978-957-32-9421-4
遠流博識網 http://www.ylib.com E-mail:ylib@ylib.com
遠流粉絲團 https://www.facebook.com/ylibfans

Secrets that Rich Jewish Know
© 2008 Zvika Bergman.
Complex Chinese language edition published in arrangement with Peony Literary Agency Limited through Asia Publishers Int., Israel (asia01@netvision.net.il)
Traditional Chinese translation copyright © 2015, 2022 by Yuan-Liou Publishing Co., Ltd.
All rights reserved.

國家圖書館出版品預行編目（CIP）資料

猶太人這樣想、這樣做：200 則讓全世界買單的成功術／史威加・貝爾格曼（Zvika Bergman）著；范曉譯 . -- 二版 . -- 臺北市：遠流出版事業有限公司，2022.03
面；　公分 .
譯自：Secrets that rich jewish know
ISBN 978-957-32-9421-4（平裝）

1. 成功法　2. 理財　3. 財富

177.2　　110022471